電子書籍・出版の契約実務と著作権

第2版

弁護士 村瀬拓男 ［著］
Murase Takuo

発行 民事法研究会

第2版　はじめに

　2014年4月に著作権法改正法が成立し、出版権規定について、規定創設以来80年を経て初めてといってよい大規模な改正が行われた。従来紙媒体の出版物のみを対象としてきた出版権規定が、いわゆる電子出版物にも適用されることになったのである。

　この改正は、著作権法全体から見れば、近時の改正のほとんどがデジタル・ネットワーク社会における著作物の流通・利用に対応したものであったのと同様に、出版物としての利用についてのデジタル化対応ということになるが、出版者から見れば、ここ数年精力的に行われた「出版物に関する権利」獲得運動の結果得られたものということになる。

　「出版物に関する権利」として出版者側が求めてきたものは、レコード製作者の権利と同様の著作隣接権としての権利であった。この主張が、著作権者や利害関係者の幅広い理解を得られなかったことは残念であるが、結果として得られた今回の法改正は、出版権規定の中に、従来の紙媒体と同列に電子出版を位置付けるものとなっており、電子出版においても、出版者が主体的な活動を行うことを法がサポートできると評価し得る内容となっている。

　しかし、出版権は出版者に当然に与えられる権利ではなく、あくまでも著作権者が出版者に対して設定できる権利である。出版権の設定は、通常著作権者と出版者との間の出版契約によって行われるのであり、改正された出版権を活用しようとするのであれば、適切な出版契約を締結していかなければならない。特に、これまでは電子出版が出版権の対象外であったため、電子出版で出版権を設定するためには、改正された著作権法の趣旨を理解したうえでの契約対応が必要となる。

　本書は、初版から、電子出版を出版の一形態と位置付けており、第2版においても、叙述の大筋に変更はない。しかし、出版権規定は出版契約のあり方に大きな影響を与えるものであり、第3章で詳述するが、今回の改正は単

第2版　はじめに

に出版権が電子出版でも設定できるようになったことにとどまらず、従来からの紙媒体に関する規定の解釈にも影響を及ぼすものであったため、第1章はほぼ全面的に書き換えることとなった。日本書籍出版協会（書協）の出版契約ヒナ型も改訂されたため、最新版となる2015年版ヒナ型とその解説も収録している。また、初版では、法改正の方向として著作隣接権構成による「出版物に関する権利」主張がなされていた時期に刊行されたことから、その解説を付章で行ったが、実際になされた法改正は出版権規定の改正であったため、付章部分は削除し、新たに第3章として、改正出版権規定の解説を行っている。

　2014年11月

弁護士　村　瀬　拓　男

は じ め に

　出版をめぐる環境は大きく変化しつつある。デジタル・ネットワーク社会の発展が、これまで文字や図画の著作物の流通を事実上独占してきた出版の地位を揺り動かすことになったからである。日本の出版業界の売上規模が最大となったのは1996年であり、それ以降出版業界の売上高は減少の一途をたどっている。出版業界の売上のピークが誰もがインターネット環境に接続できるようになった時期と重なることは、偶然の一致ではない。

　一方、デジタル・ネットワーク社会において、新しい出版のシステムが生まれた。電子出版である。出版業は独占的な地位を失いはしたが、その機能は電子出版においても必要とされるものである。そこで、著作者も出版者もこの新しい出版のシステムである電子出版に対応した、新しい出版契約の形に取り組む必要が生じた。さらに、電子出版ではその流通に配信事業者が関与することになる。その多くは従来の出版界の外にあったプレーヤーである。従来の紙の出版に参画しているプレーヤーは、永年安定した環境において活動してきたため、契約を詳細に明文化する作業をすることなく、おおむね妥当かつ合理的な慣習を形成することができたのであるが、電子出版が行われるデジタル・ネットワーク社会はその変化が激しく、またプレーヤーも頻繁に入れ替わることになる。この状況においてはゆっくり慣習が形成される余地はなく、意図的に契約関係、具体的には配信契約を積み上げていかなければならない。

　本書はこのような問題意識のもと、著作者および出版者が、電子出版を含めた出版行為全般について、法的な構造や問題点を確認するとともに、新しい時代に対応した出版契約、配信契約を締結するための情報を提供することを目的としたものである。内容は、社団法人日本書籍出版協会で作成・公表している出版契約のヒナ型や、研修会の資料の解説をベースとして、契約マニュアルとしても使えるものをめざした。

はじめに

　ベースとしている資料の性質上、本書はもっぱら出版者の立場からの叙述となるが、ヒナ型の内容等は出版者の利益に偏ったものとならないように配慮し、著作者の立場からも使えるまたは参考になるものとしたつもりである。

　また、出版界では現在「出版物に関する権利」の法制化に向けた活動が行われている。この活動がどのような形で結実することになるかはまだわからないが、仮に法制化が実現すれば出版契約や配信契約に影響が生じることが心配される。そこで、付章として、公表されている「印刷文化・電子文化の基盤整備に関する勉強会」（通称中川勉強会）における試案の解説を行うこととした。第1章および第2章で解説している内容および最新のヒナ型は現行法を前提としたものであるが、関連する項目では、「出版物に関する権利」との関係について適宜説明を加えている。しかし「出版物に関する権利」の考え方は、現在の実務と整合的であり、大きな影響が生じることはないと考えられる。

2013年1月

弁護士　村　瀬　拓　男

《電子書籍・出版の契約実務と著作権〔第2版〕》

目　次

第1章　出版契約

第1節　総　説 …………………………………………… 2

第2節　出版物の形態 …………………………………… 5

 1　意　義 …………………………………………………… 5
 2　紙媒体出版物（書籍、雑誌）………………………… 5
 3　オンデマンド出版物 …………………………………… 7
  (1)　紙媒体出版の一形態としてのオンデマンド ……… 7
  (2)　電子出版との類似性 ………………………………… 8
  (3)　出版契約上の取扱い ………………………………… 9
 4　パッケージ型電子出版物 ……………………………… 9
 5　配信型電子出版物 ……………………………………… 10

第3節　出版契約の類型 ………………………………… 11

 1　出版契約の形 …………………………………………… 11
 2　著作権譲渡契約 ………………………………………… 11
 3　出版権設定契約 ………………………………………… 13
 4　独占的利用許諾契約 …………………………………… 14
 5　非独占的利用許諾契約 ………………………………… 14

第4節　出版契約に係る支分権 ………………………… 16

目 次

   1 複製権 ……………………………………………………………… 16
   2 譲渡権 ……………………………………………………………… 16
   3 貸与権 ……………………………………………………………… 17
   4 公衆送信権・送信可能化権 …………………………………… 18

第5節　出版契約で規定されるべき要素 ……………………… 20

   1 基本的な考え方 ………………………………………………… 20
   2 企画から原稿引渡しまで ……………………………………… 21
   3 原稿引渡しから出版物刊行まで ……………………………… 21
   4 出版物刊行後 …………………………………………………… 23
   5 その他の規範 …………………………………………………… 24

第6節　出版契約の実務 …………………………………………… 25

   1 いつ契約を結ぶのか …………………………………………… 25
   2 著作者が多数の場合 …………………………………………… 26
   3 誰と契約を結ぶのか …………………………………………… 27
   4 職務著作の成否 ………………………………………………… 28
   5 著作権者が不明の場合 ………………………………………… 29
   6 著作権の保護期間 ……………………………………………… 30
   7 二次出版 ………………………………………………………… 32

第7節　電子出版に関する諸問題 ………………………………… 35

   1 電子出版の契約モデル ………………………………………… 35
   2 出版物データという考え方 …………………………………… 36
     (1) 出版物データの意義 ……………………………………… 36
     (2) 出版契約での取扱い ……………………………………… 38
     (3) 配信契約との関係 ………………………………………… 39

(4)　印刷事業者との関係 …………………………… 39
　3　サブライセンス ……………………………………… 42
　4　契約終了後の配信 …………………………………… 43
　5　対価および算定方法 ………………………………… 45

第 8 節　書協2015年版ヒナ型 …………………………… 48

　1　意　義 ………………………………………………… 48
　2　使い分けの基準 ……………………………………… 48
　3　旧ヒナ型からの変更点 ……………………………… 49
　4　逐条解説 ……………………………………………… 49

第 9 節　他の著作物の利用 ……………………………… 74

　1　従たる著作物 ………………………………………… 74
　2　引用として処理できる場合 ………………………… 75
　3　写　真 ………………………………………………… 78
　4　音楽著作物（歌詞） ………………………………… 80
　5　装画、挿絵、ブックデザイン ……………………… 81
　6　権利処理情報の記録と管理 ………………………… 82

第10節　雑誌の契約 ……………………………………… 84

　1　掲載契約と書籍化 …………………………………… 84
　2　著作権以外の権利 …………………………………… 85
　3　雑誌型電子出版の特徴 ……………………………… 87
　　(1)　契約締結上の問題点 …………………………… 89
　　(2)　雑協ガイドライン ……………………………… 89

第11節　その他の問題 …………………………………… 96

7

目　次

　　1　リッチコンテンツの取扱い………………………………… 96
　　　(1)　リッチコンテンツの問題点………………………… 96
　　　(2)　映像や音楽を組み込んだ場合……………………… 96
　　　(3)　外部リンクの場合…………………………………… 97
　　2　映像化等の二次的利用……………………………………… 98

第2章　配信契約

第1節　総　説 …………………………………………………… 102

第2節　配信契約に係る支分権 ………………………………… 104
　　1　自動公衆送信権・送信可能化権 ………………………… 104
　　2　複製権その他支分権 ……………………………………… 105

第3節　許諾の客体 ……………………………………………… 107
　　1　何を許諾対象とするのか ………………………………… 107
　　2　データの取扱い …………………………………………… 108
　　3　フォーマット ……………………………………………… 109

第4節　配信契約において留意すべき事項 …………………… 112
　　1　利用規約との連動 ………………………………………… 112
　　2　販売スタイルと価格決定権 ……………………………… 112
　　3　希望利用価格と正味価格 ………………………………… 114
　　4　配信義務 …………………………………………………… 115
　　5　保証条項 …………………………………………………… 115
　　6　契約終了後の処理（再ダウンロードの問題）………… 117

第5節　配信契約サンプル………………………………119
　1　意　義……………………………………………………119
　2　逐条解説…………………………………………………119

第3章　新しい出版権規定

第1節　出版者の権利と出版権規定………………………142
　1　出版権の歴史……………………………………………142
　2　出版者の権利をめぐる議論……………………………143
　3　平成26年改正まで………………………………………146

第2節　改正出版権規定……………………………………147
　1　改正の概要………………………………………………147
　2　逐条解説／79条〜84条、87条、88条 ………………148
　3　附帯決議に見る出版権と海賊版対策…………………178

付録1　書協2015年版　出版権設定契約書ヒナ型1（紙媒体・電子出版一括設定用）………………………………………………188
付録2　書協2015年版　出版権設定契約書ヒナ型2（紙媒体出版設定用）……195
付録3　書協2015年版　出版権設定契約書ヒナ型3（配信型電子出版設定用）……………………………………………………201
付録4　書協二次出版用ヒナ型　出版契約書〈二次出版用〉（著作権者―出版権者―二次出版者の三者契約）……………………………207
付録5　出版契約に関する実態調査　調査結果（抄）（2011年6月／書協）……210
※付録掲載のヒナ型は一般社団法人日本書籍出版協会より許諾を得て掲載

目　次

- 事項索引……………………………………………………………215
- あとがき……………………………………………………………219

凡　例

【法令】

法　　　　　　著作権法

☆平成26年法律第35号による改正後の著作権法を特に示すときは、「改正法」
　等と表記

民　　　　　　民法

憲法／憲　　　日本国憲法

個人情報保護法　個人情報の保護に関する法律

独占禁止法／独　私的独占の禁止及び公正取引の確保に関する法律

一般指定　　　不公正な取引方法

WIPO著作権条約　著作権に関する世界知的所有権機関条約

ベルヌ条約　　文学的及び美術的著作物の保護に関するベルヌ条約

【文献等】

民集　　　　　最高裁判所民事判例集

刑集　　　　　最高裁判所刑事判例集

無体集　　　　無体財産権・民事行政裁判例集

知裁集　　　　知的財産権関係・民事行政裁判例集

判時　　　　　判例時報

判タ　　　　　判例タイムズ

事件番号　　　公刊物未登載

出版契約

第 1 章

〉第1節　総　説

　出版物の中味の多くは著作物であり、出版者は著作権者から著作物を利用する権限を付与されなければ、適法に出版を行うことはできない。この出版のための権限付与が出版契約である。「出版契約があまり行われていない」という言い方をされることがあるが、契約は口頭での合意でも成立するのであり、書面による契約書の締結は契約成立の要件ではない。出版物の企画段階で出版契約の詳細な合意が成立しているとは考えられないが、出版物が完成し発行されるまでには主要な条件についての合意が成立しているはずである。

　近年は、書面による契約書が締結される比率が上昇しているが、それでもすべての出版物について契約書が締結されているわけではない。また雑誌で出版契約書が作成されるケースはほとんどないといってよい。それでも大きな問題があまり起きることなく出版活動が行われていることには、いくつか理由があるように思われる。

　まず一つ目は、著作者と出版者（特に編集者）との間には継続的な付き合いがあり、強度の信頼関係が存在していることが多いことである。信頼しているから書面化は不要ということなのであろう。また、著作者と出版者は「狭い」世界で「顔が見える」関係であるがゆえに、約束違反があっても、それがトラブルとして表面化して司法の場に持ち込まれるケースが少なかった。司法の場に持ち込むことを想定しないのであれば、契約書を作成する必要性は低くなる。二つ目には、後述するような著作権法上の出版権規定や各種のヒナ型の存在により、出版契約が相当程度定型化しており、強度の信頼関係が存在することも相まって、書面まで作成しようという動機が薄かったことをあげることができる。加えて、出版物の流通も定型化しており出版物をどのように頒布していくのかについて特段の合意の必要がなかったこと、再販売価格維持制度（以下、「再販制度」あるいは「再販」という）により出版

者が決定した価格による販売が可能であることも、書面化の必要性を下げる方向に働く。出版契約においてその都度取り決めが必要な事項は定価に対する印税率程度であって、それすら「だいたいの相場」が形成されている。三つ目には、委託販売制度をあげることができるように思われる。新刊出版物はとりあえず書店店頭に並べることができるため、出版物の販売促進活動は刊行後の広告展開が中心となる。話題になれば、著作者へのインタビュー等、著作者が販売促進に協力することもあるが、多くの場合、宣伝や販売促進は出版者のみによって行われるため、事前に宣伝や販売促進についての取り決めを行っておく必要性も低い。四つ目には、インターネットの普及前、文字や図画の著作物の頒布は出版物や新聞が事実上独占していたことがあげられる。音楽の著作物はレコード、CDで頒布されるほか、放送やライブでも聴衆に伝達することができるため、著作物の伝達方法ごとに取り決めをする必要があった。それに対し、出版の分野では、出版物の譲渡や貸与という形でのみ頒布が行われ、その他の伝達方法について考慮する必要がなかったのである。

　しかし、電子出版ではこれらの状況は一変する。電子出版物は再販制度の適用外とされており「定価」販売ではないため、出版者と配信事業者との契約内容が著作者への著作物利用料（印税）の支払いに影響を及ぼす場合が出てくる。出版者への配信事業者からの配分をベースとしてそれを出版者と著作者でシェアするのか、みなし定価をベースとした印税方式を採るのかを決める必要が生じるのである。また、出版物の内容である文字や図画の著作物を、ブログ等で著作者が簡単に公開することができるため、独占的な出版契約を結んだとしても、それが出版物としてのみ独占する趣旨なのか、それともブログ等も含めて独占する趣旨なのか、はっきりさせる必要がある。さらに、紙媒体の出版契約を締結していても、それが当然に電子出版物に及ぶわけではないため、著作者から見れば、紙媒体出版者に電子出版も委ねるのか、他の事業者に電子出版を委ねるのか、それとも自ら行うのか、という選択肢

が生じる。

このように、事前に決めておかないと円滑にビジネスが進まない事項が格段に増えるうえ、電子出版市場は新たな市場であるため標準的なルールや相場というものもない。加えて、従来の「狭い」「顔が見える」関係だけでなく、「外の世界」との契約関係が生じることになる。さらに、後述するように電子出版において働く支分権である公衆送信権は、譲渡権のように消尽しないため、最終的に読者の手元に届くまで、整合的な契約関係が成立していなければならない（105頁参照）。

本書では、以上の現状分析を基にして、電子出版時代に適合した標準的な出版契約のあり方について考察する。考察するにあたって、電子出版は出版の一形態であると位置付け、従来の出版契約との連続性を意識した構成としている。電子出版は従来の紙媒体出版とは全く異なるものである、と考える立場もあるとは思われるが、当面の間、紙媒体出版物と電子出版物が共存する関係が続き、著作者も出版者も同時に双方に取り組まなければならない。また、電子出版物がかつてはマルチメディアコンテンツと称されていたことからもわかるように、映像や音声と組み合わせたいわゆるリッチコンテンツが電子出版の主流になると見る見方も多かったが、実際には、日本と並ぶ電子出版物先進国アメリカにおいても、紙媒体とほぼ同一内容の電子出版物が大半であることも考慮する必要がある。このような状況においては、可能な限り、電子出版物を紙媒体出版物に倣って取り扱うことができるような構成とすることが、著作者にも出版者にもわかりやすく、合理的であろうと考えられる。

なお、平成26年の著作権法改正によって、制度創設以来80年を経て初めて出版権規定の大規模な改正が行われた。改正法の内容については第3章で詳述するが（147頁以降参照）、出版権規定が電子出版にも適用されるように拡張している。この改正法も、電子出版は出版の一形態であると位置付け、従来の規律との連続性を意識しているものだということができる。

〉第 2 節　出版物の形態

〉〉1　意　義

　電子出版が登場するまでは、出版物の形態について検討する意義はほとんどなかったといえる。「書籍」や「雑誌」という概念は広く共有されているものであり、「出版」という言葉に対して人がもつイメージに大きな違いは生じなかった。著作権法でも「出版」に関する定義規定はない。なお著作権法における「出版」には「新聞」は含まれておらず、出版権の対象にもならないと考えられるが、憲法21条の「出版」には「新聞」が含まれていることは明らかである。

　ところが電子出版は、CD-ROM 等のパッケージにより頒布されるものは別とすると、有体物として流通するものではなく、態様も千差万別である。それでも、著作物の出版物としての利用について契約を行う場合は、当事者間でその利用形態のイメージが共有されていて、共有イメージに基づく合意が形成されるのであれば、特に問題はない。

　しかし、今回の法改正において出版権規定が電子出版に拡張され、設定される出版権が準物権的な効力をもつことから、改正法の出版権規定に沿って出版物の形態を類型化して整理することは、出版契約のあり方を考えるうえで必要な作業となる。

〉〉2　紙媒体出版物（書籍、雑誌）

　書籍や雑誌に代表されるものであるが、それぞれ明確な定義があるわけではない。市場で流通している書籍にはISBN コードが付けられているが、同コードは書籍流通管理のコンピュータ化に対応することを主な目的としてヨーロッパ諸国を中心として策定されたものであり、1970年にISO 規格となっている。日本で導入されたのは1981年（昭和56年）であり、一般社団法人

日本書籍出版協会（以下、「書協」という）、一般社団法人日本雑誌協会、一般社団法人日本出版取次協会、日本書店商業組合連合会、国立国会図書館、公益社団法人日本図書館協会および学識経験者らによる日本図書コード管理委員会が設立され、従来国内で使用されていた書籍コードからISBNコードへの移行が行われた。現在は一般社団法人日本出版インフラセンター（JPO）内の日本図書コード管理センターが管轄し、移行時の6団体および学識経験者らによって構成されるマネジメント委員会が運営・管理を行っているものである。マネジメント委員会では、ISBNが付与できる出版物として「印刷・製本された書籍」（雑誌等を除く）、「雑誌扱いで配本されるコミックスとムック」等を例示しており、逆に雑誌等の逐次刊行物、宣伝・広告用の冊子、手帳・日記・カレンダー、ポスター・カード類等が付与対象外のものとして示されている。雑誌等については、定期刊行物コード（雑誌）が、日本雑誌協会、日本出版取次協会、日本書店商業組合連合会の3団体によって構成される共通雑誌コード管理センターが管理・運営を行っており（業務窓口はJPOに委託されている）、雑誌流通用のコードとして雑誌出版物やコミックス、ムック等に付けられている。他に、雑誌に付与できるコードとしては、ISSN（国際標準逐次刊行物番号）があり、日本では国立国会図書館がISSN日本センターとして同コードの管理運用を行っている。逐次刊行物とは、毎号同じタイトルで発行され、巻号等の順序付けを示す表示があり、終わりを定めずに継続して発行されるものとされている。出版契約の対象、出版権設定の対象となる紙媒体出版物にはどのようなものが該当するのか、という判断にあたってはこれらのコード付与の対象であるのかどうか、ということも参考となる。なお、今回の法改正にあたって、雑誌が出版権設定の対象となるのかということについての議論があったが、対象となり得ることに疑いはない。ただ実務上出版権設定契約が行われてこなかっただけであり、今後もこの実務に大きな変化はないと考えられる。

》〉 3　オンデマンド出版物

》〉〉(1)　紙媒体出版の一形態としてのオンデマンド

　オンデマンド出版とは、インクではなく主にトナーを用いて行われるオンデマンド印刷システムを利用した出版である。トナーを用いるということからもわかるように、複写機と製本機とが一体となったシステムであるが、複写機という性質上1部からの制作に対応することが容易にできる。一方通常の印刷はインクを用いるオフセット印刷が主流であり、大部数の制作を容易に行うことができるが、1部単位の制作には事実上対応できない。コスト面で比較すると、数百部から1000部程度まではオンデマンド印刷のほうが安価であるが、それを超えると圧倒的にオフセット印刷のほうが安価となる。

　この、コスト面のところだけ考えれば、一度に刷る部数が多い場合はオフセット印刷で、少ない場合はオンデマンド印刷でという使い分けは可能である。別途印刷したカバーを共有すれば（カラー印刷のカバーは、初版部数よりも多く印刷しておき、増刷時に用いることが多い）、見た目の違いはほとんどない。このような「オンデマンド」は、単に印刷方法の違いであって、特段契約に明記しなければならないものではない。

　しかし、1部単位の注文印刷に対応する、という意味での「オンデマンド出版」は、別の考慮が必要である。たとえば紙媒体出版において、出版権設定契約をしていた場合、出版者には「慣行に従い継続して出版する義務」（法81条1号ロ）があるが、オンデマンド出版であれば、注文に応じて印刷して出荷できる状況にあるため、常に継続出版義務を果たしているといえる。一方で、日本における出版は、委託販売制度のもと書店のリスクを少なくして店頭に多くの本を並べるというスタイルで行われていることを重視すれば、オンデマンド出版は、店頭に本の現物が並ばないのであるから、文言解釈として継続出版義務を果たしているという立場をとるかどうかは別として、著

作者にその旨を説明して納得を得ることは必要であろう。

⟩⟩⟩ (2) 電子出版との類似性

　オンデマンド出版には、もう一つ考慮すべきポイントがある。紙媒体出版の場合は出版者が自らの負担において、ある程度の数の出版物を制作し、その売買によってビジネスを行っていくものであるが、オンデマンド出版の場合には印刷するまでの版面を作っておけばよく、在庫負担も不要となるため、ビジネスの自由度が上がることになる。その点で、配信用のデータを作ってサーバーに置いておくという、配信型電子出版と同じ構造をもつものであるといえるのである。

　たとえばアマゾンでは「プリント・オン・デマンド」サービスを行っているが、これは出版者からオンデマンド印刷用のデータを預かり、読者からの注文に応じてアマゾンが印刷・製本（アマゾンの流通拠点にオンデマンド印刷システムが置かれている）して販売・発送するというものである。契約上は、出版者がアマゾンに対し、出版物（コンテンツ）を複製して書籍化し販売できる権限を付与している、というスタイルを採っている（出版者は販売に関する一切のリスクを負担することを前提として、アマゾンを印刷事業者として利用するオプションも用意されている）。これは、出版者がオンデマンド本出版者としてのアマゾンに対し、出版権限をライセンスしているということになる。アマゾンにおいて、このライセンスは非独占的なものとされているので、出版者は他の販売事業者とも同様のライセンス契約を締結することが可能である。また、大活字本のような特殊な用途の出版物も、在庫負担を考えることなく、版面さえ用意すれば対応できるため、ビジネスとしての取組みが拡大する可能性もある。このようなさまざまなバリエーションが存在しうる点も、電子出版と同じであるといえる。

>>> (3) 出版契約上の取扱い

 では、オンデマンド出版を出版契約においてどのように位置付けたらよいか。紙媒体出版物の形態の一つとする方法と、電子出版と同様の新たな出版展開の一つとする方法との両方が考えられる。

 しかし、オンデマンド出版は「印刷その他の機械的又は化学的方法により文書又は図画として複製する」(法80条1項) ものに明らかに該当するのであり、出版権規定が適用される出版権設定契約であれば、紙媒体出版物としての出版権に、オンデマンド出版も含まれるという処理になるであろう。ただ、第3章で詳述するように、オンデマンド出版の実務は、出版権規定にそぐわない部分が存在しているため、出版契約の定め方に注意が必要である (168頁参照)。具体的な対応については、書協ヒナ型の解説 (49頁以降参照) において触れる。

>> 4 パッケージ型電子出版物

 電子出版は、1980年代に辞書、辞典がCD-ROMに収録されて発行されることから始まった。その後媒体としてICカード等も使われるようになったが、ネットワークの通信速度が飛躍的に高まったことにより、出版物の流通媒体としてはそれほど使用されていない。辞書は「電子辞書」としてカシオやシャープ等の電機メーカーから画面やキーボード等のハードウエアと一体化した形態で流通することが多くなったが、この形態もパッケージ型電子出版物に含まれる。

 今改正前の出版権が、パッケージ型電子出版物に適用できるかどうかについて議論があり、肯定[1]、否定[2]の両説があったが、改正法では紙媒体出版物と同様に扱うとして、出版権の設定対象となることが明らかにされた。

---

1 中山信弘『著作権法〔第2版〕』434頁 (有斐閣、2014)
2 作花文雄『詳解 著作権法〔第4版〕』466頁 (ぎょうせい、2010)

》 5　配信型電子出版物

　現在の電子出版は、おおむねこの形態で行われている。パッケージ型電子出版の出版契約が、主に複製権の権利処理として扱われるのに対し、配信型電子出版では、電子出版物の作成としての複製権の権利処理の他、配信の過程における公衆送信権の権利処理として扱われる。配信型電子出版の具体例としては、電子書店での電子書籍配信サービスの他、データベースの検索により文献を表示し閲覧させるサービス、ホームページやブログ等で記事を閲覧させるサービス、メールマガジン等をあげることができる。

〉第3節　出版契約の類型

〉〉1　出版契約の形

　出版の対象となる文章や写真は多くの場合著作物であり、出版を行う場合は、それらの著作権を有する者との間で著作物を利用するための約束を行う必要がある。これが出版契約である。

　著作権を利用する際の権利処理の方法としては、大別すると著作権の全部または利用に関する一部の譲渡を受ける方法と、利用許諾を受ける方法とがある。また、利用許諾を受ける場合、それが許諾を受ける側が独占的に利用できるものなのか、それとも他者も同時に利用できる非独占的なものなのか、というところも権利処理のあり方を分類するうえで重要なポイントとなる。

　出版契約も著作物を利用するための契約であるから、上記のように分類できる。ただ、出版に関しては著作権法上特別な手当がなされている（法79条以下）。この「出版権」規定に従う形で行われる契約を「出版権設定契約」といい、一定の範囲において対第三者効を有する点で、通常の利用許諾契約とは異なる法的効果が与えられている。

　このため、出版を行うにあたって、著作権者と出版者との間で結ぶ契約としては「著作権譲渡契約」「出版権設定契約」「独占的利用許諾契約」「非独占的利用許諾契約」の4類型があるということになる。

〉〉2　著作権譲渡契約

　著作権は一部譲渡が可能（法61条1項）であり、著作権譲渡による出版契約の場合は、出版に関係する支分権となる「複製権」（法21条）「譲渡権」（法26条の2）「貸与権」（法26条の3）が、もっぱらその対象となる。

　著作権譲渡型の契約では、譲渡の対象となる支分権、譲渡の期間および対価を定めるのが一般的であろう。もちろんそのような限定を付さない契約も

可能であるが、出版が目的であれば、出版に関係しない支分権まで譲渡を受ける必要はなく、紛争を招く可能性もある。

　たとえば、一般社団法人日本医書出版協会（JPMA）が2008年4月に作成した「出版等に関する契約書（JPMAヒナ型）」は著作権譲渡型の契約であるが、「本著作物を出版するにあたり、これを複製し譲渡する権利」を契約有効期間中出版者に譲渡すると規定している（JPMAヒナ型2条1項）。JPMAヒナ型は電子出版や翻訳出版も想定したものであり、それらにかかわる支分権も譲渡対象とされている。なお「有効期間中の譲渡」と規定されていることから、契約が終了した場合には譲渡された支分権はすべて当然に著作権者に戻ると解される。

　出版に関し、著作権譲渡契約が選択されるケースは、上記のような医学書や自然科学書の分野で多いようだが、一般的な選択肢ではない。著作権の譲渡を受けることは、出版者が著作権者として振る舞うことができるということを意味するが、第三者への対抗という観点からは次の出版権設定契約でも対応可能である。また、出版者は自ら出版行為ができれば出版という目的を達成することができるため、あえて著作権者として振る舞う必要もないといえる（後述する電子出版の分野では、事情が変わる可能性がある）。さらに著作権者一般の意識として、自分の権利を手放すということへの抵抗感が強いことも、著作権譲渡契約が一般的ではない要因となっている。

　なお、「原稿の買取り」は、出版の実務においては著作物利用料の支払いが発行または売上部数に応じて行われるいわゆる印税方式ではなく、原稿の引渡しに対して一括して一定額を支払い、以降の追加支払いはないということを意味している。原稿の買取りを著作権の譲渡と認定した裁判例[3]もあるが「原稿の買取りといわれるものにも、著作物掲載の対価としての原稿料の支払いの場合もあるから……直ちに著作権の譲渡がなされたものと即断するこ

3　東京地判昭和50・4・16判タ326号322頁「ボーリング速成入門事件」

とはできない」とする裁判例[4]のほうが、実務感覚もしくは当事者の認識に近いといえる。

》 3　出版権設定契約

　著作権法上の出版権規定に準拠した契約のことをいう。その特徴は、対第三者効をもつこと（法88条1項・112条以下）、および独占契約であること（法80条1項）である。出版権設定契約は、対第三者効という準物権的な性質を有する設定出版権を出版者に付与するものであり、かつ、複製権を出版者に専有させ、著作権者であっても著作物の文書または図画としての複製を行わせない、というものである。したがって設定出版権は出版者にとって強力な権利であるとされている。

　もっとも、出版者にとって強力な権利であるからといって、すべての出版物を出版権設定契約のもとに出版することは不可能である。著作物を非独占的に利用する場合にはそもそも出版権は設定し得ない。準物権的性質を有するがゆえに、当事者の権利義務が一定程度法定され、契約の内容が拘束されるため、出版物の性質に応じた柔軟な取り決めをすることができないということなのであるが、今回の法改正、特に80条3項が出版権者による第三者に対する利用許諾を明文で容認する改正により、対第三者効を除けば、実質的に出版権設定契約と、独占的利用許諾契約との差異はなくなったといえるのではないだろうか。第3章で詳述する（147頁以降参照）出版権規定は、出版権設定契約に対して適用されるものであり、独占的利用許諾契約に適用されるわけではないが、そのほとんどは対第三者効との関係で必要な項目というよりは、独占的な出版としての規律ということができる。そうすると、独占的利用許諾契約の解釈でも出版権規定を類推適用することが妥当であろうと考えられる。

4　東京地判昭和50・2・24判タ324号317頁「秘録大東亜戦史事件」

》》 4　独占的利用許諾契約

　出版権設定という効果はないが、出版を独占的に行うことができる契約のことをいう。独占的に出版できるという面では、出版権設定契約と同等の効果を期待できる。

　したがって、出版権に規定された権利義務とりわけ対第三者効を重視するか、それとも出版物の性質に応じた柔軟な取り決めを重視するかによって、出版権設定契約とするか、それとも独占的利用許諾契約とするかが決せられることになる。ただ、前項でも述べたように今回の法改正により、出版権設定契約と独占的利用許諾契約との間に実質的な差異はなくなったといえるため、通常の書籍出版において、独占的利用許諾契約を選択する必要性はかなり低くなった。著作権者側にとってみれば、出版者に対し独占的な出版権限は付与するものの、対第三者効は与えないということであるが、このことは、出版者による海賊版対策は望まず、また他の出版者と二重契約となってしまったとしても、出版者間での解決は望まず、二重契約を行った自分についての債務不履行の問題として扱うことを望むということを意味するのであり、要望自体の合理性に疑問が生じる。もちろん、出版物の形態によって、出版権の対象となるのか疑問が生じるものについて、独占的利用許諾契約を締結する意味はある。また、そもそも出版権規定は、単一の著作物を単一の出版物として刊行することをモデルとして設計されていることが明らかな規定であり、雑誌のように多数の著作者が関与する形態の出版物には、適用できるとしてもなじまないといえるから、独占的利用許諾契約という形態が不要となるわけではない。

》》 5　非独占的利用許諾契約

　出版では独占契約をすることが不可能な場合も多い。いくつもの著作物を集めたアンソロジーのようなものであれば、それぞれの著作物が異なる編集

で出版されていることが多いため、必然的に双方の出版契約とも非独占的利用許諾契約とならざるを得ない。出版権が設定されている場合に他社が出版することができるケースが法定されているが、これは後述するように同一著作者の個人全集等に限定される。その場合の個人全集の出版契約も非独占的利用許諾契約となろう。また、単行本が出版されている時に、いわゆる二次出版として別の出版者から文庫本が出版されるようなケースも同様である。なお、文庫本という形態で独占的に出版するというケースも、この類型の出版契約となる。独占という評価は市場をどうとらえるのかということと密接に関連しており、当事者間の合意で市場を細分化していくことは、後述する出版権の権利の範囲にも影響を及ぼすことになりうる。文庫本を独占的に出すという合意は、他の出版者では文庫本の形態で出版しないという意味にすぎないのであり、安易に「独占」という言葉を使用しないほうが望ましいと考える。

第4節　出版契約に係る支分権

1　複製権

　複製とは「印刷、写真、複写、録音、録画その他の方法により有形的に再製すること」（法2条1項15号）と定義されている。紙における出版とは、印刷による複製行為を当然に含むのであり、出版を行う場合には複製権についての権利処理が必須となる。

　前記4類型に即していえば、著作権譲渡契約では複製権の譲渡、独占的および非独占的利用許諾契約では複製権の許諾となる。出版権設定契約は改正法においてその設定主体を著作権者ではなく複製権者と規定している（第一号出版権）。出版契約において行われるこれらの譲渡または許諾は、通常著作権者が有する複製権のすべてを対象とするものではなく、出版としての利用に係る部分のみが対象となり、出版以外の利用に関しては著作権者のもとに複製権が留保される。

　なお、出版物をコピーする複写行為は、複製の定義にも列挙されているように複製権の行使となる。したがって、出版物の所持者は、私的使用のための複製（法30条）のような権利制限規定に該当しない複製を行う場合には、権利者の許諾を得なければならない。これも複製権の許諾であるが、出版物を作るための複製と、できあがった出版物をコピーすることによる著作物の複製とは、複製権が行使される局面が異なるため、出版契約においても、別項を立てて規定するのが通例である。

2　譲渡権

　著作物は複製されるだけでは人々の手元に届かない。「有償であるか又は無償であるかを問わず、複製物を公衆に譲渡し、又は貸与すること」（法2条1項19号）と定義される頒布行為によって、人々の手元に届くことになる

のである。映画の著作物以外の著作物については、この譲渡権と次の貸与権が頒布に係る支分権として規定されている。出版契約は譲渡権も対象としたものでなければならない。なお、設定出版権は、複製権者によって設定されるものであり、異なる支分権である譲渡権は含まれない。

　譲渡権は、1999年（平成11年）の法改正によって新設された支分権であるが、同時に権利消尽の規定が導入されている（法26条の2第2項）。出版契約に関係する部分は、「（譲渡権）を有する者又はその許諾を得た者により公衆に譲渡された著作物の原作品又は複製物」（同項1号）「（譲渡権）を有する者又はその承諾を得た者により特定かつ少数の者に譲渡された著作物の原作品又は複製物」（同項4号）であり、これらの場合は譲渡権が消尽するとされた。消尽するとはその権利が消えてなくなるという意味ではなく、消尽した後は、複製物等の譲渡について権利者の有する譲渡権が及ばなくなるという意味である。もっとも、権利消尽自体は知的財産法一般の原則として学説判例でも認められてきたものであり、その意味では同項は権利消尽の原則を確認的に規定したものであるといえる。[5]「公衆」は、最終的な消費者に限定されないが、4号が追加され「公衆以外の特定少数の者」に譲渡された場合にも権利消尽することが規定されたことにより、公衆に該当するかどうかにかかわらず、最初の譲渡後における取引の安全が確保されたことになる。出版に即していえば、出版者から取次や書店に出荷された段階で最初の譲渡が行われたことになるため、それ以降の譲渡に対しては譲渡権が働かず、ブックオフなどの新古書店の事業については、著作権法上の問題は生じない。

〉〉 3　貸与権

　貸与権はもともと貸レコード業を規制するための規定であるが、法文上は映画の著作物を除くすべての著作物に適用される。もっとも、営利を目的と

5　半田正夫＝松田政行編『著作権法コンメンタール2』37頁（勁草書房、2009）

せず、貸与を受ける者から料金を受けない場合（公共図書館等での館外貸出が典型例となる）は貸与権が制限され、権利者の許諾は不要となる（法38条4項）。

また、書籍等の貸与については、かつて経過措置が置かれ、貸与権は当面の間適用しないとされていた。これは小規模な貸本業に影響を及ぼさないための規定であったが、コミックを中心とした貸本業が全国的に広がり著作権者の経済的利益に大きな影響が生じるに至って、2004年（平成16年）の改正により経過措置が削除され、書籍等の貸与にも貸与権が及ぶようになった。そして、貸本業者が著作権者の許諾を得ることができるように、貸与権を集中管理するシステムとして、有限責任中間法人出版物貸与権管理センター（RRAC。現在は一般社団法人に改組されている）が設立されている。この結果、出版物を貸与させようとする場合は、出版契約において貸与権の委託を受ける必要があり、出版者は出版物貸与権管理センターに貸与権を再委託するという形で貸与権の運用が行われている。

貸与権に関連して、ドイツ、イギリス、デンマーク等の国々で導入されている公貸権（多くは公共図書館等での貸出に対し報酬を請求する権利と構成されている）を日本でも導入すべきという議論がある。近年、公共図書館において貸出需要が多い新刊やベストセラー書籍を購入し、利用者に無償で貸し出していることが、書籍市場に悪い影響を与えているのではないかということであるが、図書館が電子書籍も扱うようになると、問題は一挙に拡大する可能性がある。

》》 4 公衆送信権・送信可能化権

公衆送信とは、「公衆によって直接受信されることを目的として無線通信又は有線電気通信の送信」（法2条1項7号の2）と定義されており、放送、有線放送、自動公衆送信のすべてを含むものとされている。直接公衆に受信させるものであるから、特定人への電話、ファクシミリ、特定少数に対する

電子メール送信は公衆送信には該当しない。自動公衆送信は「公衆送信のうち、公衆からの求めに応じ自動的に行うもの」（同項9号の4）であり、放送または有線放送に該当するもの以外が自動公衆送信と呼ぶとされている。インターネット等を通して行われている電子書籍の配信は、読者からのリクエストに応じてデータが送信されてくるのであるから、自動公衆送信に該当する。

自動公衆送信を行うには、インターネット等に接続されているサーバーにデータが記録されていなければならないため、自動公衆送信を行う権利にはその前段階となるデータの記録をする権利が含まれることになる。これが送信可能化権である。著作権法では、インターネット等に接続されているサーバーにデータを入力することと、データを記録してあるサーバーをインターネット等に接続することの双方を送信可能化として定義（法2条1項9号の5）されている。

したがって、配信型電子出版を行う場合には、出版契約において公衆送信に基づく出版権（第二号出版権）の設定、自動公衆送信権の許諾または譲渡を受けなければならないことになる。前述のように、紙媒体出版において働く権利は、複製権、譲渡権、貸与権であって、紙媒体出版についての出版契約で許諾または譲渡を受ける権利は、通常それらの権利に限られる。紙媒体出版について契約しているからといって、当然に電子出版を行うことができないのは、働く権利（支分権）が異なるためである。

〉第5節　出版契約で規定されるべき要素

〉〉1　基本的な考え方

　書籍の出版点数は年数万点に及び、書面化されているかどうかは別として、そのすべてに出版契約が成立しているのであるから、著作者も出版者も多くの人々が日常的に繰り返し出版契約の当事者となっているということになる。出版契約において、ひとつひとつの契約について各条項を個別に作成して契約を締結することは、決して多くはなく、印税率や契約期間などを除けば、ほぼ共通した内容となる。そうであるからこそヒナ型が広く使われているのである。書協でも以前から出版権設定契約のヒナ型を作成し、公開している。

　もっとも、出版契約がすべて出版権の設定という形で行うことが可能なのであれば、出版権規定に沿う形（出版権設定契約のヒナ型を利用）で契約が行われればよい。しかし、前述のように出版権設定とは、著作物を印刷物として複製することを独占的に出版者に委ねるものである以上、非独占的にならざるを得ないアンソロジーのような出版物では行い得ない契約となる。

　ただ、どの出版契約類型を採るとしても、その内容が全く異なるということは考えられない。著作物が出版物として世に送り出されるということに違いはないからである。出版という行為に対して、どの契約類型でも同じように規定される権利・義務があると考えるべきであろう。出版権で規定されている条項は、対第三者効に関する部分以外は、出版権特有の規定というよりは、少なくとも独占的な出版契約類型において共有できるルールといえるように思われる。

　以上の検討を踏まえ、出版契約において定めるべき事項を整理するとすれば、以下のようになる。出版の時系列に沿って考えてみたい。

>> 2　企画から原稿引渡しまで

　この段階で働く出版権規定はない。出版権の目的である著作物が特定されていることを前提とするのが出版権規定の構成であるから、著作物が特定されていない（書き下ろしであれば著作物がまだ存在していない）企画段階で働く規定がないことは当然ともいえる。

　また、この段階では書面としての出版契約が締結されることも少ない。出版者の側でこの段階での書面化をするならば、企画としてはできていて、あとは原稿入手の時期を確定させたい事情がある場合であろう。著作者の側ならば、原稿料の前渡しや取材費の支給があるような場合に、その旨を書き込んだ書面とすることが考えられる。著作に要する費用は著作者が負うと考えることが一般的であるため、原稿引渡し前の金銭の授受についてはその趣旨を明記しておくことが望ましい。

　なお、これらの事項を「出版契約」の一部として把握するのか、それとも「執筆契約」として把握するのか、という視点は単なる言葉の問題を超えて有用であろうと考えられる。出版権規定が著作物の存在を前提としており、出版契約と出版権規定との関連性は出版権設定契約ならば当然であって、独占的利用許諾契約でも重要だと思われることが、その理由である。また出版物が新たな執筆を前提とする「書き下ろし出版」だけではないのであり、その意味でも著作権者との契約において「出版」と「執筆」とを分けて考えることは意味があると思われる。

>> 3　原稿引渡しから出版物刊行まで

　この段階で働く出版権規定は、出版義務（法81条1号イ）である。出版者は原稿の引渡しを受けてから6カ月以内に出版する義務を負い、違反した場合は、著作者（複製権者）は出版権を消滅させることができる（法84条1項）。第3章で述べているとおり、この6カ月という期間の伸長は可能であるが

(173頁参照)、出版義務自体の排除はできない。

　この出版義務規定は、出版権設定が行われた場合の規定であるが、出版権設定が出版者に独占的な権限を付与するものであるところから定められている規定であり、前述のとおり独占的利用許諾契約においても適用されるべきルールではないだろうか。もしそうでないとするならば、出版する気がないにもかかわらず独占的利用許諾契約を締結することにより、当該著作物を他の出版者で出版させないことができる、ということになってしまう。これは結論として明らかに不当である。したがって、この段階で独占的な出版契約を締結するのであれば、出版義務を明記したものとすべきである。

　なお、この出版義務は原稿引渡し前に出版権設定契約が行われていることがその前提となるが、実際に出版者がその著作物を出版するかどうかを決定することができるのは、完成した原稿を確認した後となる。出版権設定契約を行った以上、原稿がいかなるものであったとしても出版者は6カ月以内の出版義務を負うという解釈は不当であり、出版するかどうかの決定は、出版者の専権事項である。

　その他、この段階で問題となりうるところは、出版物制作に関しての責任の所在である。出版物の内容が第三者の権利を侵害するものではないこと、具体的には盗作でないこと、許容される範囲を超える名誉毀損やプライバシー侵害となる記述がないこと等をどのように保証するのか。校正の責任や費用の負担をどうするのか、というところである。第三者の権利侵害がないことについては著作者が、校正の責任や出版に要する印刷・宣伝等の費用負担は出版者が負うとするのが一般的である。しかし、著作者が原稿の内容について第三者の権利侵害がない旨を保証したとしても、それは著作者と出版者との間での責任分担の問題である。権利を侵害されたと主張する第三者から、出版者もその責任を追及されることがあり、出版者が注意義務を果たしていなかったと判断される場合には、損害賠償等の責任を負わなければならない。[6]

》》 4　出版物刊行後

　この段階で働く出版権の規定は、継続出版義務（法81条1号ロ）、修正増減応諾義務（法82条）、複製権者である著作者からの廃絶請求（法84条3項）である。継続出版義務違反が放置された場合には、著作者（複製権者または公衆送信権者）は出版権の消滅を請求できる（同条2項）。継続出版義務は、出版に関して独占的な権限を有していることに対応して、出版権者が負う義務であるから、独占的利用許諾契約においても適用されるべきルールであると考えられる。また、修正増減応諾義務は、著作者の人格的利益と出版者の経済的利益とのバランスを考慮したうえで定められているものであり、出版契約全般において適用可能なものであろう。ただ、出版権の規定自体は従来からの印刷物を想定したものであり、紙媒体出版物であってもオンデマンド出版にそのまま適用することはできないし、電子出版物も同様である。これらについては第3章で後述する（170頁参照）。

　この段階で最も重要なのは、著作物利用料の支払いである。日本ではほとんどの新刊出版物が再販制度のもとで刊行されるため、定価に印税率を乗じた額を1部あたりの著作物利用料とすることが多いが、それに乗じる部数を印刷部数とするか実売部数とするかは、出版者によって異なっており、明確な合意を得ることが必要である。

　その他、出版権には規定がないが、出版物をコピーして利用したり、レンタル店での貸出利用したりする場合には、著作権者の複製権および貸与権が行使されることになるため、その運用についての取り決めが必要となる。また、契約終了後の頒布についても、取り決めておく必要がある。契約終了に

　6　出版者の責任が肯定された例として、東京地判昭和53・6・21無体集10巻1号287頁「日照権事件」、東京地判平成2・4・27判時1364号95頁「樹林事件」、東京地判平成2・6・13判時1366号115頁「薬学書事件」、否定された例として、東京地判平成7・5・31判時1533号110頁「ぐうたら健康法事件」がある。

よって、著作権者から許諾を受けている複製権と譲渡権を出版者は行使できなくなるが、在庫を販売するためには契約終了後もなお譲渡権が許諾されている状態でなければならないし、電子出版においても後述するように、利用者へのサービスとして再ダウンロードが行われる場合は、出版契約終了後も一定の範囲で公衆送信権が許諾されている状態でなければならない（43頁参照）。

》》 5　その他の規範

　出版権規定としては、出版権の譲渡等（法87条）、出版権の登録（法88条）がある。これらの規定は出版権に特有のものであり、その他の出版契約類型で適用できるルールではない。ただ、出版権の譲渡は、著作権者の同意のもと、当初の出版者が出版を止めて、次の出版者に引き継ぐということであり、独占的著作物利用許諾契約においても、同様の効果は著作権者、当初の出版者および次の出版者の三者の合意による契約上の地位の移転によって得ることができる。

第6節　出版契約の実務

1　いつ契約を結ぶのか

　書協では、定期的に出版契約に関する実態調査を行っており、直近の調査は2011年6月に行われている。直近の調査対象者数は455社、うち回答者数は105社である。回答率が低いようにも思われるが、回答者における調査の直近1年間の書籍出版点数は新刊書が1万9223点であり、新刊書籍全体に対する割合としては3割近くをカバーしていることになる。調査の詳細は、〔付録5〕（210頁参照）を参照していただきたい。

　同調査によれば、直近1年間の新刊書籍のうち、書面による出版契約書を著作権者と交わした割合は、73.3％である。その約5年前に行われた調査では61.1％であり、契約の書面化が大きく進んでいることがわかる。著者と契約書を取り交わす時期は、出版物の発行時が最も多く、67％であり、次いで原稿依頼時の20％、原稿の入手時の19％（複数回答可）となっている。

　出版契約は諾成契約であり、書面による契約は契約の成立要件ではない。したがって契約書面の締結時期が必ずしも契約の成立時期とはならない。書き下ろし出版の場合には、原稿依頼の段階から、著作者と出版者とは出版に向けた関係が構築されていく。その関係が熟していくにつれて、契約が成立したと認定される前段階でも、当事者に義務が生じる場合がありうる。契約書は、万が一紛争が生じた際に重要な証拠となるものであるため、出版契約においてもできるだけ契約書面を作成していくことが望まれるが、その際力点を置くところは出版物の性質によって異なる。定められた期日までに原稿が仕上がることが出版計画にとって重要な場合は、できるだけ早い段階に原稿の引渡し期日を入れた契約書を交わすことが望まれるであろうし、すでに存在している著作物を出版する場合は、どのような形で売っていくのか、印税額はどうするのかという点が重要であり、刊行計画が固まった段階（一般

には発売日の2～3カ月前であろう）が、契約書を取り交わす時期として妥当ではないだろうか。

2 著作者が多数の場合

　著作者が多数の場合には、いくつかのバリエーションがある。①著作物は一つで、共著または原作があるコミックとなる場合、②絵と文というように著作物自体はそれぞれ単独著作だが、1冊の出版物に共存している場合、③2名ないし数名の著作者によるアンソロジーの場合、④詩集・句集・歳時記等、⑤百科事典や各種辞典、といったところが典型例となる。

　このうち①は、出版契約が出版物単位で著作物の利用をその目的とするものである以上、可能な限り一つの契約書に連署してもらう形をとることが望ましい。②については、それぞれ出版契約を締結することも考えられるが、絵本のように常に出版物としては一体として扱われるものは、①に準ずる形を採るとよいであろう。もっとも、その著作物使用料の支払方法については、主従関係がなければともに印税方式を採り、本文と挿絵のように主従関係がある場合は従たる部分については定額の支払いとするというように、処理方法を分けることも考えられる。③および④については、収録作品の選択、配列、構成に創作性が認められれば全体として編集著作物（法12条1項）となるため、その場合には、個別の収録作品の著作者とともに、出版物の編者・選者も著作者となる。出版契約は、個々の著作者および編者・選者とそれぞれ締結するのが原則的な処理であるが、編者・選者と収録作品の著作者との間に、当該出版物以外での継続的な関係、たとえば同じ学問領域での師弟関係等がある場合は、編者・選者を代表者として出版契約を締結し、個別の著作者は出版契約の締結を編者・選者に委任してもらう形でも差し支えない。⑤は、多数の著作者により分担して作られるが、③および④と異なり個別の項目が独立して流通するわけではなく、出版物全体としてデータベース的に利用されるものである。このため、出版契約も編者を代表者として締結し、

他の著作者は編者に締結を委任する形とすべきであろう。

3　誰と契約を結ぶのか

　誰と出版契約を締結するのか、という問題である。出版物において利用される権利のほとんどは著作権であるから、著作権者が出版契約の相手方となることはいうまでもない。引用等の著作権法上の権利制限規定（法30条以下）により、許諾なく利用できる場合を除き、契約が必要である。

　問題は、著作権の存否が微妙なケースである。著作権はあくまでも表現行為という事実に基づいて生まれる権利であり、契約によって生まれる権利ではない。また事実に基づく以上、類型的な判断は可能であっても最終的な判断は個別具体的に行わざるを得ない。著作者となるかどうかや著作物性の有無が争われた裁判例は数多いが、契約、特に書面による契約を締結する最大の目的は将来の紛争の回避なのであるから、出版契約の対象はやや広めに考えていくことが望ましい。

　著作者となるかどうかが問題となるケースとしては、①ゴーストライターを立てたときの著者、②著者とは別に監修者を立てたときの監修者、③組織の構成員がその仕事として著作行為を行った場合の構成員、といったところである。①については、著作権が著者に発生していないと認められるケースも考えられるが、出版者として著者として表記していくことを選択する以上、出版契約の対象とすべきである。この場合、当該出版物において著作権を有するゴーストライターと著者との間でトラブルが生じないように、たとえばゴーストライターの著作権を著者に譲渡し、著作者人格権を行使しないことを約束させる、といったような処理が必要であろう。②は、前項の③から⑤に該当する場合の問題であるが、著者の著作権の行使、後に再度出版する場合等で監修者との間でトラブルが生じないように留意する必要がある。③は、職務著作が成立するかどうかの判断による。職務著作については次項で説明する。

》 4　職務著作の成否

　出版物について、権利処理をしなければならない著作者の中には、出版者に雇用されまたは業務委託されて雑誌制作に参加している者がいる。そのような場合、使用者である出版者を著作者とする職務著作が成立する場合がある（法15条）。

　法が職務著作成立の要件としてあげているのは、「使用者の発意」「使用者の業務に従事する者」「職務上作成されたもの」「使用者の名義の下に公表するもの」「契約、勤務規則その他に別段の定めがない」という5要件である。

　「使用者の発意」は、使用者からの具体的な命令がなくても、雇用関係等から見て使用者の間接的な意図のもとに創作をした場合も含むというように、柔軟な解釈がなされている。雑誌の場合、その内容は通常雑誌内部の編集会議を経て編集長が決するものであり、出版者は編集長に雑誌内容決定の権限を委ねているため、「使用者の発意」要件はほぼ満たされていると考えられる。書籍においても執筆の企画が使用者側で立てられていれば、この要件は満たされていると考えられる。

　「使用者の業務に従事する者」は、職務著作の成立に「使用者と従業員」という関係を要求している。使用者を著作者とする理由は、組織内で作成された著作物について、その利用・流通の促進という観点から、権利を使用者に集中させることが必要であるというところにあると考えられることにあるため、労働者の保護をその目的とした労働基準法・労働組合法等の労働法上の労働者概念と異なり、一般にはより広くなると考えられる。雇用関係から生じるような指揮命令・監督関係があり、使用者に著作権を原始的に帰属させることを前提にしているような関係があれば、本要件を満たすと解される[7]。外部フリーランサーであっても、出版者編集部と専属契約があるような場合

7　東京地判平成7・12・18知裁集27巻4号787頁「ラストメッセージ in 最終号事件」、東京地判平成10・10・29知裁集30巻4号812頁「SMAP インタビュー記事事件」

には、職務著作が成立することになるであろう。

「職務上作成されたもの」は、具体的に命令された内容だけを指すのではなく、職務として期待されているものも含まれる。職場での地位や待遇等も総合的に考慮して、判断されることになる。職務時間外または職場以外で行われた創作行為であっても、本要件を満たすことはありうる。

「使用者の名義の下に公表するもの」は、使用者の名義で公表することにより、使用者がその著作物についての社会的責任を負い、また社会的信頼を得ることができるからとされている。また未公表のものであっても、公表するとすれば使用者の名義で公表することになったであろう著作物も含まれると解されている。編集部内の企画として同様にスタートしながら、掲載された記事や写真に職務著作が成立し、没になった記事や写真について成立しないという結論は妥当ではない。書かれた著作物ごとに執筆者の氏名が記載されている場合は、本要件を満たさないという方向に判断されるが、出版物全体の著作者名は使用者となっていて、執筆者の氏名が個々の著作物との関連なく記載されているような場合は、単に使用者である会社内部の担当分担を示すものであり、本要件を満たすという方向に判断されると考えられる。

「契約、就業規則その他に別段の定めがない」は、他の要件を満たしていたとしても、契約等に従業員が著作者となる、といった規定があれば、使用者に職務著作は成立しない、ということである。

職務著作は、以上の5要件を満たしたときに認められるものであるが、成立の判断は形式的に行い得るものではなく、その都度具体的な事情を総合的に考慮して行わざるを得ない。実務的には、編集部内のスタッフと明確にいい得る者以外には職務著作は成立しないものと考え、創作後の著作権の帰属や利用許諾について事前の合意を得ておくべきであろう。

》 5 著作権者が不明の場合

過去に発表された著作物をあらためて出版する際に、誰が著作権者である

かすぐにはわからないことも多い。出版契約の相手方となるのは著作権者であり、著作者が死亡している場合は遺族が相続により著作権者となるが、相続による権利の移転は対抗要件としての登録を必要としない（法77条1号かっこ書）ため公示されるわけではない。発表時の出版者に問い合わせればわかる場合も多いのだが、どうしても見つからない場合には、裁定による著作物利用制度（法67条）を利用することになる。

この制度は、著作物を利用しようとする者が、相当の努力を払ってもその著作権者と連絡することができないものについて、文化庁長官の裁定を受け、かつ同長官の定める額の補償金を供託することにより、利用することができるというものである。相当な努力とは、名簿等の閲覧またはウェブサイトの検索、著作権等管理事業者または著作者団体への問い合わせ、公益社団法人著作権情報センターのウェブサイトに権利者情報の提供を求める告知を掲載することという3段階の措置を講ずることをいう。これらの措置を講じても著作権者と連絡がつかない場合には、利用希望者は文化庁長官の裁定の申請を行い、利用可の裁定が出た後に定められた補償金を供託し（申請中に利用を開始することも可能であり、その場合は担保金を供託する）、著作物の利用を行うことになる。出版の場合の補償金の額は、一般的な相場に準ずる額（印税や使用料として通常支払われている額）となる。

》 6　著作権の保護期間

著作権の保護期間の原則は、著作者の死後50年である。正確に言えば、著作者死亡の翌年1月1日から起算し、50年目の12月31日までとなる。また、団体名義の著作物の場合は、公表の翌年1月1日から起算し、50年目の12月31日までとなる。著作権の保護期間が経過すると、その著作物については自由に利用できるが、著作者人格権の侵害となるような使い方をしてはならない（法60条）。著作者人格権とは、公表権、氏名表示権、同一性保持権であるが、著作者の生前と常に同レベルで守らなければならないという趣旨では

なく、時の経過や社会的な価値観の変化といった要素を考慮し、侵害といえるかどうかが判断されることになる。ただ、出版とは著作物を正しく後世に伝えるという意義をもつものであり、安易な改変は行われるべきではない。

あと、著作権の保護期間については、特に翻訳出版に関連して注意すべきポイントがある。ベルヌ条約、万国著作権条約により、日本で外国の著作物を利用する場合は、日本の著作物と同等の保護をすれば足りるのであり、原則として著作者の死後50年が保護期間となるが、保護期間の特例制度として、戦時加算と翻訳権の10年留保がある。

戦時加算とは、日本が太平洋戦争開始から平和条約締結までの間は、連合国国民の著作物を保護することができなかったということを前提として、戦前または戦中に創作された著作物については、保護されなかった期間を保護期間に加算するという制度である。具体的に加算される期間は、平和条約の批准年月日によってさまざまであるが、英米仏の著作物については、戦前に創作されたものであれば3794日（戦中であれば、1941年12月8日から創作までの期間を減ずる）が加算されることになる。1960年に死亡したアメリカ人作家の著作権保護期間は2011年一杯までが保護期間であるが、戦前に創作された作品だと、2022年の5月ころまでが保護期間となる。一方同じ作家でも平和条約締結後の1955年に創作された作品の場合は、原則どおり2011年一杯までが保護期間となる。

翻訳権の10年留保とは、旧著作権法において、ベルヌ条約の許容するところにより、著作権者が原著作物を最初に発行してから10年以内にその翻訳を発行しないときには、その翻訳権は消滅する旨が定められていた。現行法ではこの制度は採用されていないが、現行法施行前に発行された著作物については、この効力が及ぶとされており、1970年（昭和45年）以前に発行された著作物で、その発行後10年以内に翻訳が出ていないものは、翻訳権が消滅することになる。これにも戦後加算はあり、戦前の作品については、10年＋約10年4カ月＋6カ月（翻訳期間を考慮）の約21年間翻訳が出ないものについ

て翻訳権が消滅する。

　消滅する権利については、翻訳「出版」が想定されている以上、譲渡権や貸与権についても翻訳権と同様に消滅していると見ることができるが、電子出版として翻訳出版を行う場合の公衆送信権も翻訳権と同様に消滅するのか、という問題が残る。この制度が条約上許容された時は、紙媒体出版しか存在していなかったのであり、当時想定されず存在しなかった公衆送信権まで消滅するという解釈は難しいのではないかと考えられる。したがって配信型電子出版として行われる場合にはこの制度は使えず、紙媒体出版と同じ権利処理構成となるパッケージ型電子出版では使えるということになるのではないだろうか。アンバランスな結論ではあるが、やむを得ないところであろう。

》 7　二次出版

　翻訳等により創作される「二次的著作物」という著作権法上の概念とは異なり、同じ著作物を最初に刊行した出版者とは別の出版者が刊行することを、出版界の慣例用語として「二次出版」という。

　単行本として作品が発行された後、しばらくしてから他の出版者で文庫本が発行されるのが二次出版の典型例であるが、この場合は、後で出版する出版者から先に出版した出版者に対し、一定期間金員を支払うということが、半ば慣例的に行われている。個人全集として二次出版する場合は、一定の場合について法に規定がある（法80条2項）が、それ以外のケースについては法の規定はない。これまでは二次出版の形態は文庫本等の廉価本や全集にほぼ限定されていたが、これからは電子出版も二次出版の形態として重要となるであろう。

　この二次出版の実務については、さまざまな法律構成が考えられ、あまり契約書を作成してこなかった出版界の状況も相まって、あいまいな契約関係が残ってきた領域である。その状況を作出した要因の一つは、今改正前の法80条3項が、出版権者による他者への複製許諾を禁止していたことにあるよ

うに思われる。書協は、1990年（平成2年）に二次出版時に使用することを推奨するヒナ型〔付録4〕（207頁参照）を公表しているが、これは著作権者、出版権者および二次出版者の三者契約の形をとり、著作権者への印税と、出版権者への支払い（出版権使用料としている）とを、直接二次出版者が支払うという構成となっている。出版権は、設定を受けた出版者の独占的地位を保障する制度であり、当の出版権者が同意するのであれば、出版権が設定されていたとしても他の出版者に出版を許容しても差し支えないと考えることにより、このような構成のヒナ型が作成されたのであろう。

　しかし、今回の法改正により、80条3項も改正され、複製権等保有者の承諾を条件として、出版権者が二次出版者に対し、出版についての複製権または公衆送信権の許諾を行えることとなった（161頁参照）。したがって、著作権者との出版契約において、二次出版についての包括的な承諾を得ておけば、出版権者は二次出版者との間の二者契約によって二次出版の許諾が疑問なく可能となったということになる。それでは改正法施行後は、出版権者による許諾という形の二次出版が行われることになるのだろうか。第3章でも詳述しているとおり、この改正は主に配信型電子出版における出版者と配信事業者との関係を、規定上疑義なく出版権設定契約の中で処理することを目的として行われたものであるが、二次出版にも使える規定であることは間違いない。しかし、法は新設された同条4項において、出版権者は自ら有している権利以上の権利を許諾することができない旨を定めているほか特別な規定は置いておらず、当事者間の契約に委ねている。そうすると、単に二次出版についての包括的な承諾だけでは、生じ得るトラブル回避には全く不十分であるといわざるを得ない。

　出版権者が単行本を出版しており、二次出版者に対して文庫本の許諾を出したケースを想定してみよう。単行本が絶版となり著作権者と出版権者との契約が解除された場合に、二次出版者の立場はどうなるのだろうか。出版権が譲渡された場合、二次出版者は新たな出版権者に二次出版の権利を主張で

きるのだろうか。出版義務や継続出版義務を負うのは出版権者であるが、二次出版者が継続出版義務を履行することをどう担保するのか。二次出版者の印税の支払いは出版権者に対して行えば、出版権者が著作者に支払っていない場合も対抗できるのか。法は著作者に対し増刷時の通知義務を課しているが、どうすれば二次出版者の増刷前に出版権者が著作者にその旨を通知できるのか。といった問題に突き当たることになる。もちろんこれらが解決不能な問題というわけではないが、少なくとも包括的な二次出版の承諾というだけでは、各当事者の立場の保護として足りないことは明らかである。

　したがって現状では、出版権者から二次出版者への許諾というスタイルではなく、著作権者、出版権者および二次出版者の三者契約としたうえで、上記の各問題に対応した契約を、元の出版権設定契約とは別に締結するという形をとるほうが望ましいのではないかと考えられる。その際、前述の書協出版契約書ヒナ型（二次出版用）（207頁参照）をベースとして使うことができるであろう。25年前に作成された今改正前の出版権を前提としたヒナ型であるが、この問題は主に紙媒体出版物における二次出版の問題であり、使えないということはない。

〉第7節　電子出版に関する諸問題

〉〉1　電子出版の契約モデル

　電子出版、特に配信型電子出版の出版契約について考える際に、紙媒体出版との比較において留意しなければならないのは、出版物の流通過程で、紙媒体出版物では著作権者の権利は及ばないが、配信型の電子出版では著作権者の権利が及ぶことである。紙媒体出版では、著作物の複製物たる出版物を印刷し、出版物を出荷した段階で、出版者が著作権者から許諾を受けた複製権の行使は終了し、譲渡権は消尽する。以降の流通は有体物たる出版物の所有権売買で行われ、そこに著作権者の権利は及ばない。一方配信型電子出版では、コンピュータデータの形で存在する電子出版物が、読者から電子書店へのリクエストが行われることにより、読者の端末に送信される形となる。この送信は、著作権者の公衆送信権の行使と評価することができるため、電子出版物の流通では、著作権者の権利は読者に届くまで及び続けることになる。

　出版契約は、著作権者と出版者との間で締結される契約であるが、出版者は読者の手に届くまでの過程すべてに及ぶことを前提として契約内容を考えていかなければならない。その際問題となるのは、電子出版全体の流れをどのように契約構成していくのかということである。なお、本稿で議論する電子出版とは、ePub等のフォーマットでデータファイル化された電子出版物ファイルを、配信用サーバーを通して読者に送信する形態とし、読者の端末に送信されたファイルのコピーが残る場合と残らない場合の双方を含むものとして考えていく。

　出版者が自ら配信用サーバーを管理し読者に送信を行う場合は、出版契約を行っていくうえで考慮すべき問題はそれほどない。しかし、配信用サーバーを配信事業者が管理している場合は、出版者と配信事業者との関係をどう

規定するのかによって、出版契約の内容は大きな影響を受ける。現在の実務において最も一般的な構成は、出版者と配信事業者とが配信契約を締結するものであり、かつホールセールモデルといわれる、配信事業者が独立した配信主体として読者に送信を行うというものである。また、一部の大手出版事業者が行っている契約構成は、出版者と配信事業者との契約がエージェントモデルといわれるものであり、サーバーの管理は配信事業者が出版者からの委託を受けて行い、読者への送信は出版者の代理人として行うというものである。他に提唱されている契約モデルとしては、配信事業者を出版者の履行補助者と位置付けるものである。このモデルは、出版者が自ら配信サーバーを管理し読者に送信を行うものと同様に扱うことができ、電子出版における出版契約が抱えるいくつかの問題点を回避することができるという点で評価に値すると思われるが、実際にこのモデルの法律構成で契約が行われているケースはないであろう。またこのモデルは、読者の端末に電子出版物が表示されることをもって電子出版が完成するという認識がそのベースにあるようだ。このように考えることによって、紙媒体出版物における印刷時業者の位置付けと同様に、配信事業者を位置付けることができるとしているようであり、興味深い考え方であるが、実務上は出版者内でシミュレートした表示を確認して電子出版物ファイルを「校了」とし、配信事業者に委ねているという認識が一般的であり、その点で実務との乖離は否定しがたい。

〉〉 2 出版物データという考え方

〉〉〉(1) 出版物データの意義

電子出版において、送信されるのは、一定のルール（フォーマット）に基づいて記述されたデータである。このデータが電子出版物ということになる。

出版者が既存の出版市場で果たしてきた役割は、おおむね①出版企画、②編集（原稿を出版物に仕上げる行為）、③出版物の宣伝、④頒布（印刷物として

の出版物を書店などを通して流通させる行為)、⑤著作者の育成、⑥著作権情報の管理といったところである。電子出版でも同様である。しかしこれらの行為は、一般的には著作権法で保護されるものとはされていない。「必要な資料を収集、整理をしたり、助言・助力をしたり、アイデア、ヒントを提供したり、できあがった作品について、加除、訂正をしたりすることによって、何らかの関与をした場合でも、その者の思想、感情を創作的に表現したと評価される程度の活動をしていない者は、創作した者ということはできない」[8]と判示されているように、著作権の有無は「思想・感情の表現の創作に関与している」かどうかで決せられるのであり、かつその関与の程度も、表現をした主体といえる程度かどうか、というレベルであることが求められているのである。したがって、①および②は著作権が発生する行為ではなく、③ないし⑥は表現行為すなわち著作権とは無関係である。なお、②に関連して、著作権法では著作物の一つとして「編集著作物」(法12条)が定められており、また、編集者が直接文章を書いた場合などに認められる「職務著作」(法15条)の規定があるため、著作権者から著作権譲渡を受けなくても出版者が出版物に関して著作権を有する場合がある(28頁参照)。しかし、そのようなケースは限定的である。

　しかし、著作権法の保護対象ではないからといって、これらの役割が保護されなくてよいということではない。今改正の端緒ともなった、出版者への著作隣接権付与の運動は、出版者のこのような役割の保護をその目的とし、具体的な手段として電子出版物データを含む出版物データを直接の保護対象とする旨の立法を求めるというものであった。残念ながらこの方向性での改正は見送られ、出版権規定が電子出版に拡張される形の改正となった。したがって、出版者の役割保護という観点から電子出版物データを位置付ける作業は、契約レベルで行っていく他なく、具体的には出版契約の中でどのよう

---

[8] 東京地判平成16・2・18判時1863号102頁

に扱っていくのか、また電子出版物データを含む出版物データの制作に密接に関連する印刷事業者との関係も整理して考えていく必要がある。

なお、出版物データの意義を上記のように考えるとすると、紙媒体出版物において、その制作過程で作成される各種データも同様に考えるべきであろう。

》》》(2) 出版契約での取扱い

近年は、文字のみならず写真、図画もその多くが原稿段階からデジタルデータとして作成されているため、著作権者の「原稿」と電子出版物データとが、一見区別しにくいように思われるが、入稿から校了までの間に何の加工も行われないということはなく、実際に区別は可能であろう。データに対し出版者に権限が生じるからといって、著作権者がその原稿に対してもつ権利に影響を及ぼすものではない（書協ヒナ型出版契約書5条2項）。

他方、データについて出版者が権限をもつとしても、著作権者との出版契約がない限り、出版者はそのデータを用いた出版をすることができない。著作権者がA出版者と出版契約を結び、電子出版をしたというケースで考えてみると、A出版者が著作権者からの原稿をもとに電子出版物として作成したデータについてA出版者が権利をもっていても、それを出版することができるのは、著作権者とA出版者が契約している期間に限られる。契約終了後、著作権者がB出版者と契約し、同じ原稿をもとにして新たなデータを作成することは、著作権者およびB出版者の自由である。しかし、B出版者で出版する際に、A出版者が作成したデータを使用したい場合には、A出版者の許諾およびデータの使用料支払いが必要となると考えるべきである。もし、これを著作権者やB出版者が自由に行えるということになると、A出版者の負担によって作られた「成果」に対する「ただ乗り」であるというべきであろう（同ヒナ型5条1項）。

なお、紙媒体出版の出版契約においては通常「著者献本」条項があり（同

ヒナ型9条1項)、出版者は著作権者に対して初版時、増刷時に無償で出版物を献本している。これは出版物に出版者の所有権が及ぶため、著作権者への献本は、無償の譲渡であると定める必要があり、それ以上の部数を著作者が必要とするときには売買の形式をとることとされているのである。

これらを考慮すると、電子出版用に完成したデータには、出版者にその権限があり、出版契約において特に定めない限り出版者が著作権者にデータを引き渡す義務はなく、著作権者にこれを要求する権利はないということになろう。献本に相当する、電子出版用の端末で再生可能なデータを引き渡すことを定めることは考えられるが、コピープロテクト等のDRMが施されていないデータは、不用意な取扱いによって流出すると著作権者および出版者の利益を害する可能性があるため、複製を禁止するDRMを施したデータを引き渡すべきである。

〉〉〉(3) 配信契約との関係

配信契約については、第2章で詳述する。データに対する権限を出版者が有すると構成することにより、出版者から配信事業者へのライセンス契約は、著作物のライセンス（著作者から見ればサブライセンスとなる）として書かれるのではなく、著作権について権利処理済みのデータを使用させることを内容とするものとなる。配信事業者を通した流通は、著作物単位ではなく出版物単位となることを考慮すれば、この構成のほうが実務に即した内容となる。また、紙媒体出版において販売事業者（取次、書店）に引き渡されるのが出版物の所有権であり、出版物の内容となる著作物については権利処理済みとなることとも、整合的である。

〉〉〉(4) 印刷事業者との関係

出版物データについての権限が出版者にあると構成することは、印刷事業者との関係で調整を要する場合がある。著者や配信事業者との関係は完成し

たマスターデータの問題であるが、印刷事業者とは中間段階のデータも問題となりうるからである。

　紙媒体出版物において、印刷用フィルムの所有権が争われた事件では「製版フィルムは請負の中間生成物であるから、原則として印刷業者の所有に帰属し、印刷業者はこれを注文者に引き渡す義務を負わないというべきである[9]」とされており、印刷用フィルムに関する権利が争点となった事件において、裁判所はほぼ同様な判断を行っている。出版者と印刷事業者との契約は「請負」（民632条以下）であるとし、請け負った印刷事業者が引渡義務を負うのは印刷された出版物のみであって、特段の合意がない限り印刷する過程で制作された中間生成物の引渡義務はない、ということである。

　もっとも、印刷用フィルムの所有権を印刷事業者が有するからといって、その印刷事業者は自由にそのフィルムを使用して出版物を作ることができるわけではない。出版契約は権利者と出版者との間で結ばれており、出版者が複製の許諾を受けているからこそ出版物を作ることができるからである。それではなぜ印刷事業者は使用権限のない印刷用フィルムの権利を争うのか。それは、印刷工程において、フィルムを作るまでの組版、製版と、印刷とでは収益構造が異なるからである。製版までの工程では校正のやりとりなど手間のかかる作業が多いにもかかわらず、そこに大きな利益を載せることはなく、いったん印刷機を回し始めればほとんど手間がかからない印刷工程で利益をとることが普通であり、これは初期コストをできるだけ抑えたい出版者の要請とも合致する。印刷用フィルムをもつということは、利益がとれる印刷工程を受注できるということにほかならない。そして、初期の組版、製版のコストを抑えることによって発注元である出版者にもメリットがあるならば、特段の合意がない限り、上述の裁判所の判断には妥当性があるということであろう。なお、フィルムの保管義務および費用についても問題が起こり

9　東京地判平成13・7・9（平成7年(ワ)第23552号、平成9年(ワ)第25536号）

うる。フィルムを印刷事業者に保管してもらう運用が多いと思われるが、その保管の負担を実質的に印刷事業者が負うのであれば、印刷用フィルムの所有権も印刷事業者にあるという判断と整合的であるといえる。

では、出版物データに対する権限についてはどう考えるべきであろうか。今の出版物はそのほとんどの工程がデジタル化されており、印刷用フィルムが出力されるまで印刷事業者のコンピュータ上で制作が進められる。印刷段階でフィルムを介さないことも増えてきている。上述の裁判例の考え方からすれば、印刷の最終段階である印刷用フィルムの所有権は印刷事業者にあるというのであるから、その前段階であるデータに関する権限も印刷事業者にある、ということになりそうである。

しかし、紙媒体出版物と同編集の電子出版物を作ろうとする場合は、紙媒体出版物用のデータから、電子出版用のデータを生成することになる。印刷用のデータの権利を印刷事業者がもつのだとすれば、電子出版用のデータも同じということになり、データに対する権限は出版者にあるとする立場と矛盾することになるように見える。どうすればよいのか。

上述の裁判例は、いずれも中間生成物についての特段の合意がないケースであった。逆にいえば、請負契約の成果物に中間生成物を含めるという合意をしておけば問題なかったのである。また、印刷事業者には出版物を制作する権限がない以上、中間生成物を保持させる理由は、請負における妥当な報酬確保に他ならないのであるから、「権利を持たせる」以外の解決は十分に図り得るであろう。出版物の発注とは別に、フィルムなどの中間生成物の保管を印刷事業者に委託し、その印刷事業者で出版物を制作しない場合には、保管料が発生するというような契約をしておけば、裁判例と同様な効果を得ることができるはずである。

電子出版を含めて、出版に関するコストを負担し、出版の企画・編集全般にわたって主体的に取り組むのは出版者である。印刷技術の進歩や、デジタル対応、電子出版物ファイルに関する技術革新は、もっぱら印刷事業者の努

力に負うところが大きい。これについては敬意が払われるべきであるが、データの権利が意味をもつのは、それが出版物として利用される局面においてであり、出版者と印刷事業者との関係は、データが作られ保管される局面の話なのであるから、契約関係によって妥当な調整を図るべき問題であろう。

3　サブライセンス

　配信型電子出版において行使されている著作権法上の権利は、自動公衆送信権である。出版者が自ら公衆送信を行っている場合は、出版契約で自動公衆送信の権利許諾を受ければ足りる。しかし、多くの場合、出版者は自らが管理するまたは自らが管理していると評価できるサーバーを通して配信が行われているわけではない。そうすると、実際に配信すなわち自動公衆送信を行っている主体は、配信事業者ということになる。ところが、著作権法上は単に許諾を受けただけでは、その範囲内での利用ができるだけであって、第三者に対して再許諾する権限はない（法63条）。したがって、出版者は著作権者から再許諾できる権利を受けなければならない。

　今回の改正における、80条3項の改正（161頁参照）は、出版権設定契約においてこの再許諾が疑義なく行えるようにすることが主な目的であった。また新設された4項で定められているとおり、出版者が配信事業者に再許諾できる範囲は、著作権者が出版者に許諾した範囲内に限定される。著作権者から見たときに、出版者に与えた権限以上のことを配信事業者は行うことができないということである。このため、出版者はすでに締結した、またはこれから締結しようとしている配信事業者との契約内容が、著作権者との出版契約の範囲内にあるかどうか注意しなければならないし、出版契約の範囲を超える場合は、配信事業者との契約内容を修正しなければならない。

4　契約終了後の配信

　現在、多くの配信事業者においては、ダウンロードで電子出版物を「販

売」した読者に対し、再ダウンロードする権利が付与されている。通信環境が整備されていなかった時期に、ダウンロード中に通信が遮断されることによってダウンロードが完了しなかったような場合に、再チャレンジの機会を与えるというのが、もともとの再ダウンロードの趣旨であるが、現在は、一人の読者に複数の再生環境または端末の利用を認め、それぞれの再生環境や端末で別個にダウンロードできるようにしたり、端末を買い替えた読者が、過去に購入した電子出版物を再びダウンロードできるようにしたりするような再ダウンロードの権利と位置付けられているのである。これは電子出版ならではの利便性である。出版という手段は、著作物を広く利用してもらうためのものであり、媒体の特性を活かすことは、利用の拡大につながることであり、基本的には歓迎すべき方向であろう。

しかし、電子出版物が配信サーバーから送信されるということは、これが最初のダウンロードなのか、それとも再ダウンロードなのかに関係なく、公衆送信権が行使されていることとなる。出版契約および配信契約が継続しているのであれば、この問題は「電子出版物の対価」の問題（ダウンロードの回数を1回と考えるのか、それとも複数回と考えるのか）となるが、配信契約が最初のダウンロード後に何らかの理由で終了した場合、配信事業者は再ダウンロードのリクエストに応じることはできないはずである。著作権者または出版者の側から見れば、電子出版物の「販売」の対価を取得しているとはいっても、無期限に再ダウンロードを容認しなければならないというものではないであろう。現行著作権法での調整は、読者が電子出版物を私的複製の範囲で複製しておくしかなく、クラウド的利用において新たな権利制限を認めていくのかどうかという議論になるのだと思われる。

一方、すでに多くの配信事業者が読者に対し、読者と配信事業者との契約が存続する（IDの利用権限が継続する）限り制限なく再ダウンロードを認める旨の約束が、利用規約を通して行われている。たとえば、アマゾンのKindleでは「Kindleコンテンツのダウンロードおよび当該料金（適用される

税金を含む）の支払いが完了すると、当該コンテンツプロバイダーからお客様に対して、Kindle やリーダーアプリケーションまたはその他本サービスの一部として許可される形で、Kindle ストアより指定された台数の Kindle または対象機器上でのみ、お客様個人の非営利の使用のみのために、該当のコンテンツを回数の制限なく閲覧、使用、および表示する非独占的な使用権が付与されます。Kindle コンテンツは、コンテンツプロバイダーからお客様にライセンスが提供されるものであり、販売されるものではありません」と定められている（コンテンツプロバイダーは、ホールセールモデルではアマゾン、エージェントモデルでは出版者となる）。

　この状況に対して、権利者側はどう対応すればよいのか。次節（48頁以降参照）で解説する書協ヒナ型出版契約書では、「本契約有効期間中に第2条第1項第3号（＊配信型電子出版利用）の読者に対する送信がなされたものについて、乙（第2条第3項の再許諾を受けた第三者（＊配信事業者）を含む）は、当該読者に対するサポートのために本契約期間満了後も、送信を行うことができる」と定めた。つまり、期間満了をもって出版契約が終了する場合は、配信事業者の現行の運用を追認する形をとっている。一方出版者の債務不履行等の理由で契約期間中解除となった場合については、ヒナ型では規定していない。このような場合にまで配信事業者の運用を追認することは、いきすぎであるという判断に基づくものである。この結果、出版者は配信事業者に対して再ダウンロードをさせないように交渉する出版契約に基づく義務が発生する。逆に言えば、出版者は配信契約において、このような事態が生じ得ることを前提とした規定を盛り込む契約努力を行わなければならないということになる。これは、出版者と配信事業者との交渉力の差を考えると、なかなか困難な問題である。また、配信事業者に再ダウンロードの権限を残すということは、非独占的な公衆送信権の許諾が残っていることになるため、著作権者が別の出版者に対して出版権設定を含む独占的な公衆送信権の許諾が無条件にできるのかどうかも疑問が残るところである。すっきりした解決

をめざすのであれば、著作権法の権利制限規定の見直しを行うほかはないのであろうが、今は電子出版に関係する当事者が、このような問題が存在することを意識したうえで、契約上の調整努力を行っていくほかはない。

》》5　対価および算定方法

　著作物利用料の算定は、紙媒体出版ではほとんどの場合、「定価×部数×印税率」という計算式に基づいて行われる。「部数」は、製作部数による場合と実売部数による場合とがあり、実売部数の場合は保証部数を設定して、仮に実売部数が保証部数に届かない場合でも保証部数相当分の利用料を支払うケースが多い。「印税率」は、10％前後という設定が多いように思われるが、独占許諾なら高めで非独占契約なら低め、著作者が大家なら高めで新人なら低め、といったように一定といえるようなものではない。また紙媒体出版物は、初版のコストに比べて、増刷時のコストは低減するため、部数が増えると印税率も階段状に増えるという設定もある。ただ、バリエーションがあるといっても、1冊あたりの価格および部数と連動しているという点が共通しており、それほどばらつくわけではない。

　電子出版では今のところ、紙媒体出版にならって「希望利用価格×ダウンロード数×印税率」という計算式が使用される例が多いようである。ダウンロード数に比例させているので、紙媒体出版でいえば「実売印税」方式ということになろう。配信型電子出版では、印刷・製本コストが不要であり、在庫コストもほとんどかからないことから、印税率を同内容の紙媒体出版物よりも高めに設定している（2割5分から5割増しというところだろうか）ケースが多いようである。

　価格決定権については、第2章第4節（112頁以降参照）で詳しく述べるが、価格決定権の所在にかかわらず、電子出版物が再販制度の対象とならないこともあり、電子出版における価格は、紙媒体出版と比べて遥かに柔軟に運用されている。技術的にも配信サーバーの価格データを書き換えればその時点

から新しい価格での販売を開始することができるからである。

　この場合に契約上考慮しなければならないことは、配信事業者から出版者へのライセンス料は何を基準として計算するのか、また出版者から著作権者への印税は何を基準として計算するのか、ということを明示的に定めておくことである。本項冒頭で述べたように、電子出版では希望小売価格をベースとして印税を計算することが多いが、実際の販売価格との違いをどの段階で処理していくのかを考えなければならない。たとえば希望利用価格を500円とした電子書籍が実際には400円で配信された場合、配信事業者から出版者へのライセンス料の支払いが実際の配信価格の60％と決められているとすると、1ダウンロードあたりの出版者収入は60円減ることになる。このとき著作権者との出版契約で印税率を希望利用価格に乗じるよう定めていたとすると、1ダウンロードあたりの収入減のリスクはすべて出版者が負うことになる。希望利用価格をもとにして著作物利用料を算定する方式を採るということは、価格変動のリスクをすべて出版者が負うという選択をしたことを意味する。ただし、配信事業者から出版者へのライセンス料の支払いが、出版者の希望小売価格をベースとして決められている場合であれば、価格変動のリスクを負うのは配信事業者ということになる。

　そうすると、希望小売価格をベースとした印税設定やライセンス料設定が、著作権者や出版者にとって望ましいように思えるが、価格のコントロールは元来需要を見ながら売上金額の最大化を図るという意味をもつものであり、実際の販売価格をベースとしたほうがよいという考え方もありうる。配信事業者から出版者へのライセンス料の支払いを実売価格をベースとすることは、販売総額が増えるメリットと価格変動のリスクを負うデメリットを出版者が負うということであるが、出版契約も同様の処理をするとすれば、これらのメリットとデメリットの両方を出版者と著作権者で分かち合うということになる。いわゆる「レベニューシェア」である。この場合は、「出版者への入金額×著作権者への配分率」という計算式で算定されることになる。

さらに、電子出版の場合は１冊ごとの配布ではなく、他の出版物とセットで提供される形態も考えられる。たとえばある分野の専門書100冊を自由に閲覧できる権利を１カ月あたりいくら、という形である。このような場合は、著作権者への利用料支払いは、１冊あたりの単価で算出することができず、出版者への入金額に基づく配分とするほかないように思われる。計算方法はいろいろあると思われるが、以前ソニーと大手出版社との合弁プロジェクトとして行われた電子書籍端末「リブリエ」での配信では、分野ごとのライブラリを設定し、それぞれのライブラリの中から自由に月５冊まで読めるライセンスを月額固定料金で読者に提供していたことがある。この場合の提供出版社への支払いは、読者からの収入（ライブラリごとの登録読者数×月額料金）の半分はライブラリにこれだけの電子書籍が登録されているという価値への支払い、残りの半分が実際に読まれた電子書籍の利用料に相当するとの考え方に基づき行われた（具体的な計算式は、「配信契約サンプル」第６条（127頁）参照）。この場合の著作権者への印税支払いは、レベニューシェアの考え方を採らざるを得ないが、電子出版の柔軟性を活かすためには必要な工夫ということになろう。

第8節　書協2015年版ヒナ型

1　意　義

　出版権規定が創設以来80年ぶりに改正されることに伴い、書協で作成・公開している出版契約ヒナ型も約5年ぶりに改訂されることとなった。今回改訂されたヒナ型は、①「出版契約書」②「出版契約書（紙媒体）」③「出版契約書（電子配信）」の3種類である。いずれも改正法に対応しており、①は、紙媒体、パッケージ型電子出版、配信型電子出版のすべての出版形態について出版権を設定するもの、②は、紙媒体出版物のみに限定して出版権を設定するもの、③は配信型電子出版に限定して出版権を設定するものとなっている。出版契約の類型において書いたとおり、今回の法改正により独占的利用許諾契約という契約類型の必要性は低下したと考えられることから、当面の間書協から提供されるヒナ型は出版権設定契約のみということになる。

2　使い分けの基準

　今回のヒナ型はいずれも出版権設定を行う出版契約書である。したがっていずれも独占的な出版を行う計画があることが前提となる。①は紙媒体出版と電子出版の両方を行う予定がある場合に使用する。出版者には出版義務が法定されているため、紙媒体出版は行うが、電子出版は行う計画がない、という場合には用いることができない。このような場合は②を用いることになる。②および③には、計画がない電子出版または紙媒体出版について、他の出版者から著作権者にオファーがあったような場合には、優先的に検討できる旨の規定が入れてある。なお、紙媒体出版の刊行予定は決まっており、電子出版も行う予定であるが、その開始時期は未定である、という場合であれば①を使用することができる。

　これまでのヒナ型との対応関係は、①が2010年版の出版等契約書、②が

2005年版の出版契約書、③が2010年版の電子出版契約書の改訂版ということになる。2010年版の出版等契約書と電子出版契約書は、電子出版に出版権が対応していなかったため、電子出版部分は独占的著作物利用許諾契約の体裁をとっていたが、その部分を出版権設定に変更したと理解していただければよい。

》 3　旧ヒナ型からの変更点

2010年版ヒナ型からの変更点は、各条項で触れているが、削除した条項や条項の並べ替えの意図は以下のとおりである。

削除した条項としては「継続出版義務」「コピーライト表記」であるが、前者は出版権設定契約において法定の義務であり、当然に適用される。後者は、ⓒ表記の法律上の意義はほぼ存在しないこと、権利者の表示としては奥付表記でなされていること、等を考慮し、個々の出版者の判断に委ねて差し支えないとの考えから、ヒナ型から削除した。ヒナ型である以上、これらの項目を復活させて使用しても全く差し支えない。

また条項の順番は、かなり入れ替えを行った。一番大きいのは、二次的利用の条項を2010年版では3条に規定していたところを、2015年版では16条に移動させたところである。これは、二次的利用の条項は出版そのものに関する条項ではないことから、出版そのものに関する条項を前にまとめ、その後ろに付加的に置くという構成を意識したためである。その他条項の順序は、著作権法の出版権規定の順序に沿うように整理した。

》 4　逐条解説

以下解説を行うのは、2015年版ヒナ型のうち①の「出版契約書」である。②および③については、①からそれぞれ紙媒体出版物に関する部分と、配信型電子出版物に関する部分とを抜き出したものであり、それぞれの条項の内容は同じである。

《第1章》第8節　書協2015年版ヒナ型

第1条（出版権の設定）
　⑴　甲は、本著作物の出版権を乙に対して設定する。
　⑵　乙は、本著作物に関し、日本を含むすべての国と地域において、第2条第1項第1号から第3号までに記載の行為を行う権利を専有する。
　⑶　甲は、乙が本著作物の出版権の設定を登録することを承諾する。

　1項は、この契約が出版権設定契約である旨を宣言したものである。出版権設定契約としたい場合は、本項の文言が必要となる。
　2項は、出版権設定の内容が2条1項に記載するものとなる旨記述している。
　3項は、出版権設定の登録に必要な権利者の承諾を得るための条項である。この条項により、出版権者は著作権者からあらためて承諾書をもらうことなく、この契約の対象となっている著作物について、いつでも文化庁長官官房著作権課に出版権設定登録を行うことができる。

第2条（出版権の内容）
　⑴　出版権の内容は、以下の第1号から第3号までのとおりとする。なお、以下の第1号から第3号までの方法により本著作物を利用することを「出版利用」といい、出版利用を目的とする本著作物の複製物を「本出版物」という。
　　①紙媒体出版物（オンデマンド出版を含む）として複製し、頒布すること
　　②DVD-ROM、メモリーカード等の電子媒体（将来開発されるいかなる技術によるものをも含む）に記録したパッケージ型電子出版物として複製し、頒布すること
　　③電子出版物として複製し、インターネット等を利用し公衆に送

信すること（本著作物のデータをダウンロード配信すること、ストリーミング配信等で閲覧させること、および単独で、または他の著作物と共にデータベースに格納し検索・閲覧に供することを含むが、これらに限られない）
(2) 前項第2号および第3号の利用においては、電子化にあたって必要となる加工・改変等を行うこと、見出し・キーワード等を付加すること、プリントアウトを可能とすること、および自動音声読み上げ機能による音声化利用を含むものとする。
(3) 甲は、第1項（第1号についてはオンデマンド出版の場合に限る）の利用に関し、乙が第三者に対し、再許諾することを承諾する。

　1項は、前条を受けて、出版権の内容を規定している。
　1号は、紙媒体出版物についての権利である。紙媒体出版物には、法80条1項の文言からオンデマンド出版も出版権が及ぶ出版であると解されるため、注意的にその旨を規定した。また、紙媒体出版についての出版権は、複製権者が設定する権利であり、出版物を譲渡または貸与により頒布することは含まれないため、「頒布する」とすることにより、出版に必要な許諾が行われていることを示している。
　2号は、パッケージ型電子出版物についての権利である。出版権規定では紙媒体と同じく複製権者により設定される対象として規定されている。
　3号は、配信型電子出版についての権利である。一般に想定されているのがこの形である。技術的には、データが配信先に残る「ダウンロード型」と、残らない「閲覧型」があるが、いずれも著作権者が有する公衆送信権の行使となるため、一つにまとめて記述した。また、他の電子出版物とともにデータベースを構築し、そのデータベースを利用者に提供するという形のものも想定されている。具体的には、他の電子出版物と一緒に利用者に提供され、利用者はどの電子出版物をどのように利用しても、一定期間あたり定額を利

用料として支払う、というものである。雑誌型の電子出版物では実例がある。また公共図書館で電子書籍が利用されるような局面でも同様な使われ方となるであろう。

　２項は、パッケージ型電子出版および配信型電子出版の出版権ではカバーできない部分についての許諾を得るためのものである。

「電子化にあたって必要となる加工・改変等を行うこと、見出し・キーワード等を付加すること」

　電子出版においては、配信等の技術的な制約によって加工、改変が行われることがある。再生環境で表示できない「外字」があるような場合は、かなに開くことが必要となるし、図版等が印刷物のように表示できない場合は、それを削除することが必要となる。このような加工、改変はその態様によっては著作者人格権の同一性保持権を侵害する可能性があり、著作者の事前の了解をとることが望ましい。なお、契約の当事者は著作権者であり、著作者とは異なる場合があるため、著作権者を通して著作者の承諾が得られる場合（著作者が著作権を自分の事務所等に譲渡しているようなケース）以外は、出版者は著作者に対してこれらの承諾を得る必要が生じる。また、漫画作品の配信にあたって、白黒の作品に着色してカラー化したり、自動的に紙芝居風に表示されるようにしたりする加工が行われることがある。このような加工は、著作物の同一性を損なう、または新たな著作物を作るというものではないといえるが、本項の「電子化にあたって必要となる加工、改変等」には含まれないので、具体的な加工態様を加筆する必要がある。

「プリントアウトを可能とすること」

　本条１項により配信型電子出版を目的として出版者が著作権者から得る権利は、著作物を複製して電子出版物を作成することと、その電子出版物を公衆送信することである。送信された電子出版物をプリントアウトすることは、著作物をさらに複製することであり、１項には含まれない。もちろん私的複製（法30条）の範囲であればプリントアウトも原則自由であるが、配信型電

子出版物は通常DRMを施して配信され、DRMを回避して行われる複製は私的複製とはされない（同条1項2号）ことから、配信先でのプリントアウトの可否は著作権者の権利が全面的に及ぶ部分ということになる。したがって、出版者（またはその先の配信事業者）側でプリントアウトを許容したい場合は、著作権者に承諾を得ておく必要が生じる。

「自動音声読み上げ機能による音声化利用」

音声化利用は、一般には朗読という形で行われる。その場合は朗読を行う実演家が参加し新たに音声の著作物が作られるので、本ヒナ型16条に基づく二次的利用として処理することになる。しかし、電子出版物で、端末等に音声自動読み上げ機能が実装されている場合は、頒布した出版物が音声として再生されることになる。通常、出版物は電子出版も含めて視覚により読者に伝達することが想定されており、このような利用形態は含まれないため、本項で明示的に追加許諾の対象としたものである。

3項では、再許諾を規定した。配信型電子出版では、最終的に読者に対して配信が行われるところで、著作権者の公衆送信権が行使されることになる。その段階まで出版者が行っているのであれば不要であるが、通常は配信事業者がこの段階を行うことになる。出版者に再許諾する権限がなければ、配信型の電子出版を行うことができなくなるのではないか、という疑義があったため、複製権者または公衆送信権者の承諾のもとに再許諾ができるよう、出版権規定が改正された。本項は法80条3項における、複製権者または公衆送信権者の承諾を得る旨の規定である（161頁参照）。

なお、オンデマンド出版を除く紙媒体出版物を明示的に除外しているのは、紙媒体出版物について他者への再許諾という法律構成を使うのが、主に二次出版のケースであり、本ヒナ型作成者である書協としては、本項のような包括的な承諾条項だけでは不十分であると考えたためである（32頁参照）。

> **第3条（甲の利用制限）**
> (1) 甲は、本契約の有効期間中、本著作物の全部または一部と同一もしくは明らかに類似すると認められる内容の著作物および同一題号の著作物について、前条に定める方法による出版利用を、自ら行わず、かつ第三者をして行わせない。
> (2) 前項にかかわらず、甲が本著作物の全部または一部を、甲自らのホームページ（ブログ、メールマガジン等を含む。また甲が所属する組織が運営するもの、あるいは他の学会、官公庁、研究機関、情報リポジトリ等が運営するものを含む）において利用しようとする場合には、甲は事前に乙に通知し、乙の同意を得なければならない。
> (3) 甲が、本契約の有効期間中に、本著作物を著作者の全集・著作集等に収録して出版する場合には、甲は事前に乙に通知し、乙の同意を得なければならない。

本ヒナ型の契約が出版権設定契約すなわち「独占的」な契約であることにより、著作権者が負うべき制約についての規定である。非独占契約であれば本条は不要となる。

1項は、独占的な出版契約である以上、「出版」という形態を採る頒布については出版者のみが行うことができ、著作権者であっても「出版」はできない、としており、本ヒナ型1条2項を別の言葉で言い換えたものである。「明らかに類似すると認められる内容の著作物」や「同一題号の著作物」は、必ずしもこの契約が対象とする著作物と同一であるとは限らず、出版権による権利の専有は同一著作物についてであるため、厳密には出版権の効力の範囲外であるが、これらをも対象としなければ実質的に独占ということはできない。

2項は、著作者がホームページやブログ等で利用したいという場合があることを想定した規定である。学術系の著作物については、著作者が所属している団体等で、著作物をサーバーにアップロードし公開することを義務付けているケースがあるが、これは2条1項3号の権利と抵触する。1項と同趣旨であるが、このような利用に限定して出版者の独占を解除することができる旨を定めた。また、出版物の種類やジャンルによっては、著作者に積極的にブログ等で宣伝活動を行ってもらうほうがよい場合もありうる。著作物のジャンルや、著作者の属性によって取扱いはまちまちにならざるを得ない部分であり、独占を解除する部分や手続については適宜変更して使用することになる。

3項は、法80条2項の「別段の定め」に対応した規定である（160頁参照）。法は出版権者による最初の出版から3年を経過すれば、他の出版者が出版権者の承諾なく、個人全集を刊行できる旨を定めているが、本ヒナ型では、出版権者の承諾を常に必要とするものとした。

なお、「出版契約書（紙媒体）」「出版契約書（電子配信）」には、4項として、以下の条項が設けられている。

---

(4) 本著作物の電子出版としての利用については、甲は乙に対し、優先的に許諾を与え、その具体的条件は甲乙別途協議のうえ定める。（出版契約書（紙媒体））

---

(4) 本著作物の紙媒体出版としての利用またはDVD-ROM、メモリーカード等の電子媒体（将来開発されるいかなる技術によるものをも含む）に記録したパッケージ型電子出版としての利用については、甲は乙に対し、優先的に許諾を与え、その具体的条件は甲乙別途協議のうえ定める。（出版契約書（電子配信））

具体的計画がない利用について、当初の契約から外していた部分についての優先権を付与したものである。他の出版者からその利用について著作権者に申入れがあった場合には、著作権者は本契約を締結している出版者に通知し、その出版者で出版を行うかどうかを優先的に判断させなければならない。通知を受けた出版者は合理的な期間内に判断を行うことを要する。

第4条（著作物利用料の支払い）

(1) 乙は、甲に対し、本著作物の出版利用に関し、別掲のとおり発行部数等の報告および著作物利用料の支払いを行う。

(2) 乙が、本出版物を納本、贈呈、批評、宣伝、販売促進、業務等に利用する場合（＿＿部を上限とする）、および本著作物の全部または一部を同様の目的で電子的に利用する場合については、著作物利用料が免除される。

1項はいわゆる印税の支払いについての規定である。これについては算定方法も出版者によって、また出版形態によってまちまちにならざるを得ないため、本ヒナ型では別掲の表に記載する形を採った（45頁参照）。

2項は、著作物利用料が免除されるケースを列挙している。「納本」とは国立国会図書館への法定納本、「贈呈」とは著作者献本の他、出版に寄与した人々への寄贈、「批評、広告・宣伝、販売促進」とは書評や紹介・陳列等に使用するものをいい、「業務」とは増刷・重版用の原本、見本等に使用するものをいう。実際に複製、頒布が行われているものであるから上限部数を記載するようにしている。アマゾン等のインターネット書店および配信型電子出版においても、「広告・宣伝、販売促進」として、出版物の全部または一部を「立ち読み」等の用途で公開することがあるため、そのような場合も利用料が免除される旨を規定している。

なお、本ヒナ型は、電子出版を含むすべての出版形態について出版権を設

定するものであるが、契約書締結時点では一部の出版形態について印税算定方法等が決定していないということも多いであろう。そのような場合、たとえば紙媒体出版物についてのみ印税算定方法が記載されていたとすると、この出版権設定契約が、紙媒体出版についてのみ出版権設定が行われたものと解釈される余地が生じる。これを避けるためには、印税算定方法が未定の出版形態につき、未定である旨を明記すべきである（155頁参照）。

第5条（本出版物の利用）

(1) 甲は、本契約の有効期間中のみならず終了後であっても、本出版物の版面を利用した印刷物の出版または本出版物の電子データもしくは本出版物の制作過程で作成されるデータの利用を、乙の事前の書面による承諾なく行わず、第三者をして行わせない。

(2) 前項の規定は、甲の著作権および甲が乙に提供した原稿（電磁的記録を含む）の権利に影響を及ぼすものではない。

1項は、著作権者に対し、契約終了後であっても、版面をそのまま利用した復刻やオンデマンド出版を、他の出版者に許諾しないことを求めるものである（「データ」については38頁参照）。出版者は版面等の作成にコストをかけており、それを他者が自由に使用できるとすれば、先行出版者の成果に対するフリーライドとなるからである。

2項は、前項で求めた著作権者に対する制約が、著作権者の権利自体を制約するものではないことを確認するものである。著作者が保有している原稿等を利用し、他者に出版させることは、この契約が終了した後は全くの自由である。

> **第6条(権利処理の委任)**
>
> (1) 本著作物が以下の方法で利用される場合、甲はその権利処理を乙に委任し、乙はその具体的条件に関して甲と協議のうえ決定する。
> 　①本出版物のうち紙媒体出版物の複製(複写により生じた複製物の譲渡および公衆送信ならびに電子的利用を含む)
> 　②本出版物のうち紙媒体出版物の貸与
> (2) 甲は、前項各号の利用に係る権利処理については、乙が著作権等管理事業法に基づく登録管理団体へ委託することを承諾する。

　1項は、16条と同様に出版者が窓口業務を行う場合の規定である。複写や貸与は新たな著作物を作ることではなく、出版物の利用の一形態にすぎないため、別建てとした。

　複写は、著作権法上の支分権としては「複製権」に該当する。出版者は著作権者から出版に関しての複製許諾を得ているが、出版物を通してさらに著作物が複製される場合は、出版に関する複製許諾の範囲外であるため、本条により別途著作者から権利処理の委任を受ける必要がある。複製は紙のコピーに限らず、スキャンしてPDF等の電子データとすることを含む。貸与は、2005年(平成17年)1月1日より、書籍・雑誌にも貸与権が認められるようになったため、出版物を有料で貸与する場合には著作者の許諾が別途必要となった。

　2項では、出版者が権利処理を委任された複写や貸与業務に関して、それらの集中管理事業を行っている団体に対し、出版者が業務委託できる旨を規定している。複写については、多くの場合、出版者が一般社団法人出版者著作権管理機構(JCOPY)との間で「著作物の複写利用等に係る管理委託契約書」を締結し、JCOPY自ら、またはJCOPYから再委託された公益社団法

人日本複製権センター（JRRC）が、複写許諾および使用料の徴収を行っている。貸与については、一般社団法人出版物貸与権管理センター（RRAC）が、レンタルブック店に対する貸与許諾および使用料の徴収を行っている。出版者は、同センターに貸与業務を委託するにあたり、著作権者との間で「貸与権管理委託契約書」の締結を行う必要がある。貸与の使用料は、同センターおよび委託した出版者を通して、個別の著作権者に分配される。

第7条（著作者人格権の尊重）

　乙は、本著作物の内容・表現または書名・題号等に変更を加える必要が生じた場合には、あらかじめ著作者の承諾を得なければならない。

　本条は、著作者人格権の一つである同一性保持権（法20条1項）の内容を確認的に定めたものである。人格権に関する規定であるため、承諾の対象は「著作権者」ではなく「著作者」となることに注意しなければならない。著作者が死亡している場合は、著作者本人の人格権は消滅するものの（法59条）、遺族固有の権利として、人格権を侵害する行為に対する差止めや損害賠償請求ができるとされている（法60条・116条）。行使できる遺族の範囲は祖父母から孫までおよび兄弟姉妹とされている。

第8条（発行の期日と方法）

(1)　乙は、本著作物の完全原稿の受領後＿＿＿ヵ月以内に、第2条第1項第1号から第3号までの全部またはいずれかの形態で出版を行う。ただし、やむを得ない事情があるときは、甲乙協議のうえ出版の期日を変更することができる。また、乙が本著作物が出版に適さないと判断した場合には、乙は、本契約を解除することができる。

(2)　乙は、第2条第1項第1号および第2号の場合の価格、造本、製作部数、増刷の時期、宣伝方法およびその他の販売方法、ならびに同条同項第3号の場合の価格、宣伝方法、配信方法および利用条件等を決定する。

　1項は、完全原稿受領後から出版までの期間を限定している。出版権規定では別段の定めがない限り6カ月以内（法81条1号）とされており、期間を定めるうえでの目安となる。その起算日は、「複製するために必要な原稿その他の原品若しくはこれに相当する物の引渡し又はその著作物に係る電磁的記録の提供を受けた日から」となっており、図版、絵、写真等を含めたものすべてが対象である。加えて、著作権等の権利処理は著作権者が行うこととしている（本ヒナ型15条1項）ため、単に素材を引き渡すだけではなく、第三者の権利処理が必要な場合はそれも済ませていることが著作権者には求められていることになる。

　もっとも、実務上はこのような付属素材については、担当編集者が探したり、権利処理を行ったりすることも多いため、役割分担があらかじめ想定されるのであれば、その旨を加筆修正しておくことが望ましい。

　なお、著作権者から預かった原稿等は出版者が責任をもって保管し、保管の必要がなくなれば、著作権者の指示に従い返却または破棄しなければならないことは当然のことである。今は、原稿等の多くが電子データの形で提供されており、著作権者の手元に原稿等が残っていることになるため、原稿等の保管に関する条項の必要性は低いと判断し、本ヒナ型では条項として入れていない。しかし、保管の態様や返却時期が問題となりうるケースもあるため、そのような場合は特記事項として、扱いを明記することが望ましい。

　また、本項では、原稿が出版または電子出版に適さない場合に、出版者からの解除を認めている。出版を約束したからといって、できあがったものが出版者の想定していたものとかけ離れていたような場合にまで出版を義務付

けるという結論は妥当ではないであろう。書き直し等によって出版にこぎつけることができるケースも多いとは思われるが、最終的に出版するかどうかの判断は出版者にあることを確認的に明記した。解除によって両当事者は出版契約に基づく権利義務から解放されることになるため、当然のことながら著作権者が著作物を他の出版者に持ち込むことは自由である。

なお、本項は原稿の受領前に契約書が作成されていることを想定しているため、原稿受領後に契約書が作成されるのであれば、本項を削除するか、出版予定期日を書き入れることになる。

2項は、価格、広告・宣伝方法や販売、配信方法、紙媒体出版においては制作部数等について、出版者が決定権をもつことを明記している。もちろん、著作権者の意見を出版者が取り入れることも多く、出版者と著作権者とが十分に意見交換をしたうえで決められることが望ましいことはいうまでもない。ただし最終的な決定権は出版者にあることを著作権者に事前に理解してもらうことは必要である。本ヒナ型においては、2005年版まで存在した、「費用の分担」に関する規定を置いていない。本条1項および2項で出版者に最終的な決定権があることの裏返しとして、出版に関する費用を出版者が負担することは当然と考えられるためである。

第9条（贈呈部数）

(1) 乙は、本出版物の発行にあたり、紙媒体出版物（オンデマンド出版を除く）の場合は初版第一刷の際に＿＿部、増刷のつど＿＿部を甲に贈呈する。その他の形態の出版物については、甲乙協議して決定する。

(2) 甲が寄贈等のために紙媒体出版物（オンデマンド出版を除く）を乙から直接購入する場合、乙は、本体価格の＿＿％で提供するものとする。

1項は、いわゆる「著者献本」について規定したものである。著作権者への贈呈部数は、初版については3000部程度までのときは5～10部、それ以上の部数であるときは20部くらいまでになる例が多く見られる。第2刷以降は1～3部くらいとするのが通常の運用であろう。オンデマンド出版の場合は「増刷」という概念がないため、データ完成時のサンプルとして贈呈することが適当であると考えられる。電子出版物についての規定はないが、これは電子出版の形態が日々変化する中で、電子出版における「献本」の形が安定していないことから、ヒナ型での規定を見送ったためである。オンデマンド出版の場合も含めて、著作権者に対する説明を行っておくことが望まれる。なお、電子出版時の「献本」を検討する場合には、データの取扱いについて留意しておく必要がある（38頁参照）。

第10条（増刷の決定および通知義務等）

(1) 乙は、本出版物のうち紙媒体出版物の増刷を決定した場合には、あらかじめ甲および著作者にその旨通知する。

(2) 乙は、前項の増刷に際し、著作者からの修正増減の申入れがあった場合には、甲と協議のうえ通常許容しうる範囲でこれを行う。

(3) 乙は、オンデマンド出版にあっては、著作者からの修正増減の申入れに対しては、その時期および方法について甲と協議のうえ決定する。電子出版物（パッケージ型を含む）についても同様とする。

法82条は、著作者の人格的利益を保障するために積極的な内容変更権ともいえる権利を認めた（169頁参照）。出版者は「正当な範囲内」であれば、著作者からの修正増減に応じなければならないとされている。そのタイミングについては、第一号出版権の範囲（紙媒体出版およびパッケージ型電子出版）では「改めて複製」を行う場合と定め、複製を行う前に通知をしなければな

らないとされているため、ヒナ型においても対応する規定を置いた。

　1項は、法82条2項が要請している事前通知義務を定めたものである。ただし、オンデマンド出版とパッケージ型電子出版については、3項で協議事項としているため、本項では対象外となる。また法が要請する通知対象者は著作者であるが、本項では著作者に加えて契約当事者となる著作権者を加えている。これは、次項でも述べるとおり、修正増減にどこまで応じるのかは、出版活動への経済的影響を考慮することになるためである。

　2項は、著作者からの修正増減要請にどう対応するのかについて、出版者と著作権者との協議事項としたものである。正当な範囲内であれば、出版者は応じる義務があるのだが、正当な範囲かどうかの判断や、その範囲を超えるような場合、費用をどう調整するのかといった、具体的状況に応じた協議が必要となると考えられるからである。

　3項は、オンデマンド出版および電子出版について、著作者からの修正増減の申入れへの対応を、前項と同様の協議事項としている。法82条1項2号は、配信型電子出版で著作者が修正増減を申し入れることができる場合を「公衆送信を行う場合」と規定しているが、実質的にどのような場合を想定しているのか不明としかいいようがなく、その結果事前の通知義務も定められていない。しかし、紙媒体出版も電子出版も同じ出版活動であり、著作者の権利の保障についても、可能な限り同レベルとすることが望ましい。紙媒体出版と異なり電子出版の態様はさまざまであって、ヒナ型という形で具体的なルールを提示できる状態にはないという判断から協議事項とした。また、オンデマンド出版やパッケージ型電子出版には、複製前の通知義務が課されているが、オンデマンド出版では「増刷」という概念はなく「改めて複製する場合」が意味する範囲が通常の紙媒体出版とは異なるため、配信型電子出版と同様に当事者間での妥当な具体的ルールを模索したほうがよいであろう。パッケージ型電子出版もその態様の多様性という点では配信型電子出版と似ているため、法が設定したルールとは異なるが、あえて協議事項としている。

> **第11条（改訂版・増補版等の発行）**
>
> 　本著作物の改訂または増補等を行う場合は、甲乙協議のうえ決定する。

　本条は、単なる字句修正を超えた改訂・増補により版を改める場合を想定したものである。学術書・専門書の領域ではよく生じるケースである。改訂版や増補版となる著作物が、新たな著作物として扱うものとなるのかどうなのかは、修正の程度によるのであろうが、出版物として別個に取り扱うものとなるのが通例であり、契約実務上も新規に契約書を作成したり、また原契約からの修正部分を覚書として定めたりといった対応がなされている。なお、書協2010年版のヒナ型では、特に異議がない場合は、従前の出版契約書の規定が改訂・増補版にも自動的に適用される旨の規定を置いていたが、上記契約実務に倣い、対応全般を協議事項とした。

> **第12条（契約の有効期間）**
>
> 　本契約の有効期間は、契約の日から満＿＿＿ヵ年とする。また、本契約の期間満了の３ヵ月前までに、甲乙いずれかから書面をもって終了する旨の通告がないときは、本契約は、同一の条件で自動的に継続され、有効期間を＿＿＿ヵ年延長し、以降も同様とする。

　書協2005年版ヒナ型では、契約の日から初版発行の日までおよび初版発行後満〇年という規定の仕方を行っていたが、これは、出版権規定（法83条2項）が、別段の定めがない場合は発行の日から3年で消滅すると定めているところから起算点を定めたのであろう（171頁参照）。本ヒナ型では契約の日からに統一した。契約の有効期間中は、出版者は権利をもつとともに継続出版義務等の義務を負うため、時事的なもので短期的に売り切るような出版物

であれば2年程度、長期にわたって販売を想定するものは7年や10年というように、出版物の性格に応じて適切な期間を設定することが望まれる。なお、書協の調査では3年や5年としているケースが多い。

第13条（契約終了後の頒布等）

(1) 乙は、本契約の期間満了による終了後も、著作物利用料の支払いを条件として、本出版物の在庫に限り販売することができる。

(2) 本契約有効期間中に第2条第1項第3号の読者に対する送信がなされたものについて、乙（第2条第3項の再許諾を受けた第三者を含む）は、当該読者に対するサポートのために本契約期間満了後も、送信を行うことができる。

1項は、いわゆる「セルオフ」に関する条項である。契約終了と同時に在庫が販売できないとなると、出版者は在庫分の損害を被ることになる。そこで、著作物の利用料支払いを条件として、出版者に損害回避の機会を与えたものである。1999年（平成11年）までは、著作権法の出版権規定の中に、著作物利用料を支払っている場合は出版権消滅後も頒布可能である旨が定められていた（旧法85条）が、現在はその条項は削除されている。出版権設定契約に限らず、出版契約においては「譲渡権」の許諾が含まれていることから、契約が終了した場合には本条のような規定がないと頒布ができない。映画のビデオ等では契約終了後6カ月というように期間で区切ることも多いようであるが、委託販売制度が主流の出版においては、書店店頭の在庫も長期間継続することがあり、その間返品もありうるため、期間を限定しない運用が一般的である。

2項は、配信型電子出版に関するものであるが、いわゆる「再ダウンロード」を許容する規定としている（43頁、117頁参照）。出版契約が終了すれば、出版者または出版者から許諾を受けている配信事業者は、電子出版物ファイ

ルの送信権限を失う。紙媒体のように在庫という概念はないため、直ちに配信ができなくなるとしても、出版者に損害が生じるわけではない。しかし、現在は多くの配信事業者において、一度「購入」した電子出版物については、読者に何度でもダウンロードを認める運用が行われており、読者の側に、紙媒体出版物にはない電子出版物特有の利便性であるとの認識が広がっている。もちろん読者にこのようなことを要求する法律上の権利があるわけではなく、配信事業者の利用規約に定められている範囲で行使できる権限にすぎない。

　したがって、出版契約では、契約終了後の再ダウンロードを一切認めず、出版者は読者に対し、直接にまたは配信事業者を通して、再ダウンロードをさせない、という方針を採用することもできるであろう。しかし、この問題は読者の「入手後」の利用に関する問題であり、権利制限規定の問題として処理するほうがなじむのかもしれない。本ヒナ型では、現状の運用を追認し、出版者と配信事業者との契約で、再ダウンロードの制限が行えない場合も、著作権者との関係では違反状態が生じない形とした。

　なお、本条は1項2項ともに、本条が適用される契約終了事由を契約期間満了のみとしている。これは出版者に債務不履行や違法行為があり契約が期間途中で解除されるような場合にまで、契約終了後の出版物の流通を認める必要はない、という考え方によるものである。

第14条（締結についての保証）
　甲は、乙に対し、甲が本著作物の著作権者であって、本契約を有効に締結する権限を有していることを保証する。

　著作権のうち、出版を許諾できる権利（複製権、公衆送信権等）は譲渡や相続が可能であり、創作をした著作者と出版契約を締結できる著作権者とが異なる場合がある。出版契約の当事者となることができるのは「著作権者」であることに注意しなければならない。本ヒナ型の表紙には、「著作者」名

とともに「著作権者」名を表記することができるようになっている。

第15条（内容についての保証）

(1) 甲は、乙に対し、本著作物が第三者の著作権、肖像権その他いかなる権利をも侵害しないことおよび、本著作物につき第三者に対して出版権、質権を設定していないことを保証する。

(2) 本著作物により権利侵害などの問題を生じ、その結果乙または第三者に対して損害を与えた場合は、甲は、その責任と費用負担においてこれを処理する。

1項で、対象となっている作品について、第三者の権利が侵害されていないことを、著作権者は出版者に保証することとし、2項において、保証にもかかわらず権利侵害が起きた場合の責任は著作権者にあることを規定している。具体的には、いわゆる「盗作」や引用（法31条）の範囲を超えた使用といった著作権侵害、他人の社会的評価を下げるような表現による名誉毀損、他人の住所・氏名やその他個人的な情報を無断で出したプライバシー権侵害、写真の場合は肖像権侵害および、芸能人等の著名人であればパブリシティ権侵害といったところが問題となる。

本条では、著作物の権利侵害について、著作権者の責任であるとしているが、これは著作権者と出版者との間での責任の所在についての規定であることに注意しなければならない。特に、独占的な出版契約によって著作物が頒布されているような場合は、権利侵害はもっぱら出版者の行為によって生じているということになり、侵害を受けた者との間で出版者に過失があったのかどうかという問題となる。過失の有無は、その具体的な事実関係の中でどのような注意義務が出版者にあると認められるのか、ということによって判断される。

商業出版者の場合は、いわばプロであるから、求められる注意義務のレベ

ルは一般に高いといえるため、出版者の注意義務違反すなわち過失が認められた裁判例は多い。改訂版出版において旧版と執筆陣が異なっている場合に、新執筆者に対して旧版の表現の無断利用がないように注意を促したり、原稿と旧版記述を照合して旧版表現の利用の有無を確認したりして著作権の侵害を回避する義務があるとした例[10]、インターネット掲示板への書き込みの転載が含まれる書籍について、本条項と同様の条項を記載した出版契約を締結していたとしても、転載許諾の有無を調査、確認する義務は免れないとした例[11]などがある（23頁参照）。

なお、本ヒナ型においては、書協2005年版までのヒナ型に存在した、「校正の責任」に相当する条項は置いていない。「校正」という言葉は多義的であり、原稿と校正刷り（ゲラ）との違いを修正することのほか、原稿自体の単純な誤記の修正、内容まで踏み込んで行う疑問出し等まで含まれるため、「校閲」という言葉が使われることも多い。そうすると、出版者が本来行うべき「編集」作業の中に含まれるとも考えられるため、あえて置かないこととした。もちろん出版物の種類や制作過程において役割分担を明確にする必要がある場合は「校正の責任」についての条項を追加すればよい。

第16条（二次的利用）

　本契約の有効期間中に、本著作物が翻訳・ダイジェスト等、演劇・映画・放送・録音・録画等、その他二次的に利用される場合、甲はその利用に関する処理を乙に委任し、乙は具体的条件について甲と協議のうえ決定する。

本条では「二次的利用」について規定した。著作権法では、翻訳や映像化によって、「原著作物（原作）」とは異なる新しく作られた著作物を「二次的

10　東京地判平成2・6・13判時1366号115頁「薬学書事件」
11　東京地判平成14・4・15判時1792号129頁「ホテル・ジャンキーズ事件」

著作物」と規定している。本条で規定しているのは主に二次的著作物が作られるケースであるため「二次的利用」とした。なお「二次出版」は同じ著作物が別の出版物となることをいうのであり、本条の二次的利用とはならない。

「利用に関する処理を乙に委任し」とは、出版者に窓口としての機能を委ねることを意味する。単に外部から持ち込まれてくる二次的利用に関する企画を取り次ぐだけでなく、出版者が積極的に二次的利用を推進していくことも考えられる。文芸作品の分野では映画化等の映像化が出版物の売れ行きを大きく左右するケースが多いし、実用書の分野では出版だけではなく同一の内容をセミナー展開したり教材化したりすることも多い。出版者として積極的に取り組むのであれば、決定権限を行使できる範囲を決めて代理権の授与を受けたり、商品化のライセンス権の授与を受けたりすることも有用である。そのような場合には別途覚書を締結し、著作権者が出版者に委ねる権限を明らかにし、許諾条件なども可能な限り取り決めておくことが望ましい（98頁参照）。

第17条（権利義務の譲渡禁止）

　甲および乙は、本契約上の地位ならびに本契約から生じる権利・義務を相手方の事前の書面による承諾無くして第三者に譲渡し、または担保に供してはならない。

出版権規定では、出版権者による出版権の譲渡や質入れについて、著作権者の承諾を必要としている（法87条）。出版契約は当事者間の信頼関係に基づく継続的な契約関係である。著作権者から見れば、出版者はどこでもよかったわけではない。どこで出版するのかということは著作権者にとって非常に大きな関心事であり、継続して出版してもらえるか、著作物利用料（印税）の支払能力は十分か、といったことも契約するうえで重要な要素だからである。出版者から見ても、著作権が譲渡されてしまえば、譲渡先との間で契約更新等を行わなければならなくなるから、重大な問題であるといえる。

したがって、法87条に準じた規定を置いた。

第18条（不可抗力等の場合の処置）
　地震、水害、火災その他不可抗力もしくは甲乙いずれの責めにも帰せられない事由により本著作物に関して損害を被ったとき、または本契約の履行が困難と認められるにいたったときは、その処置については甲乙協議のうえ決定する。

　双方に責任がない場合に「本著作物に関して損害」が発生したときの処理について定める条項である。火災等によって出版前であれば原稿等の滅失、出版後であれば在庫の滅失といったことが、具体的に想定される事態である。このような具体的な事態をいくつか列挙して定めるという方法もあるが、本ヒナ型では当事者間の協議事項とした。

第19条（契約の解除）
　甲または乙は、相手方が本契約の条項に違反したときは、相当の期間を定めて書面によりその違反の是正を催告し、当該期間内に違反が是正されない場合には本契約の全部または一部を解除することができる。

　本条は、契約当事者のいずれかが契約に定める事項に違反したときに、その是正を催告したにもかかわらず、是正されない場合に契約を解除できることを定めている。「相当な期間」は違反の種類によって異なる。印税等の支払い遅延であれば2週間程度で相当な期間ということができる。
　また、本ヒナ型は出版権設定契約であり、契約で定めていない事項については、出版権規定が適用される。関係する規定は、継続出版義務（法81条1号ロおよび2号ロ）違反を理由とした出版権消滅請求（法84条2項）と、著作

者の廃絶請求（同条3項）である。法は出版権の消滅と規定するが、当然に出版契約の解除の意思が含まれると考えることになる。

なお、著作権者にとって出版者の資力は印税等の支払いを受けるにあたって重要な要素であるところから、出版者の資力に疑問が生じる場合、具体的には後掲配信契約サンプル15条1項2号から7号（136頁～137頁参照）に相当する規定を挿入することも有益であろう。

第20条（秘密保持）

甲および乙は、本契約の締結・履行の過程で知り得た相手方の情報を、第三者に漏洩してはならない。

本条は、契約の守秘義務について定めたものである。出版契約という性質上、事業者同士が新規プロジェクトを行う場合のような詳細な秘密保持義務は不要であると考えられるため、簡潔な条項とした。

第21条（個人情報の取扱い）

(1) 乙は、本契約の締結過程および出版業務において知り得た個人情報について、個人情報保護法（個人情報の保護に関する法律）の趣旨に則って取扱う。なお、出版に付随する業務目的で甲の個人情報を利用する場合は、あらかじめ甲の承諾を得ることとする。

(2) 甲は、乙が本出版物の製作・宣伝・販売等を行うために必要な情報（出版権・書誌情報の公開を含む）を自ら利用し、または第三者に提供することを認める。ただし、著作者の肖像・経歴等の利用については、甲乙協議のうえその取扱いを決定する。

本条は、個人情報の取扱いを確認する条項である。出版物の内容については、個人情報保護法50条1項1号の「報道機関（報道を業として行う個人を含

む。）報道の用に供する目的」にあたる場合と、同項2号の「著述を業として行う者　著述の用に供する目的」にあたる場合が、個人情報取扱事業者（5000人以上の個人情報を有する者）の義務等の適用除外となるが、顧客情報等については適用除外とならない。出版者は特に読者カード等の取扱いには十分注意しなければならない。

　1項が、出版に関して収集された個人情報について定めたものであるが、2項は、著作者の個人情報について定めた規定となる。個人情報に属する情報であるとしても、出版を行ううえで公開することが求められるものについて、事前の包括的な承認を求めたものである。ただ、肖像・経歴の取扱いについては著作権者の意向を踏まえることが特に求められるため、協議事項であることを確認した。

第22条（契約内容の変更）

　　本契約の内容について、追加、削除その他変更の必要が生じても、甲乙間の書面による合意がない限りは、その効力を生じない。

　契約書は、当事者間の約束の証拠となるものであるため、契約の変更についても書面化しなければ、あえて契約書を作成する意味が大幅に減じられることになる。特に契約成立後の修正は、紛争の原因となりやすいため、紛争予防のための書面化が求められるところである。

第23条（契約の尊重）

　　甲乙双方は、本契約を尊重し、解釈を異にしたとき、または本契約に定めのない事項については、誠意をもって協議し、その解決にあたる。

　本条は契約の信義誠実の原則を確認する条項である。

第24条（著作権等の侵害に対する対応）

第三者により本著作物の著作権が侵害された場合、または本契約に基づく甲または乙の権利が侵害された場合には、甲乙は協力して合理的な範囲で適切な方法により、これに対処する。

著作権侵害にはさまざまな態様がある。盗作等は典型的な著作権侵害であり、盗作が見つかった場合は、著作権者は自己の著作権に基づいて権利行使をすることができる。出版者はそれについて必要な協力を行うことになる。

一方出版物をスキャンされデジタルデータを作られたような「デジタル海賊版」のような場合は、著作権者の権利が侵害されているのはもちろんのこと、出版者が出版によって得られる利益も侵害されていることになる。出版権者には出版権者単独で行使できる権利として、違法な権利侵害に対する差止請求権（法112条）、損害賠償請求権（民709条、損害額の推定につき法114条）が認められている。

デジタル海賊版による侵害行為は、出版界において深刻な問題となっているが、海賊行為に用いられるサーバーが国外に設置されているケースも多く、また大量の海賊版が次々にサーバーを変えてアップロードされることもあり、その対策は迅速かつ組織的に行う必要がある。このため、個別の出版契約で具体的な対応を記述することは実務上あまり現実的ではないという判断から、本ヒナ型では対応の幅を広く許容するものとした。

第25条（特約条項）

本契約書に定める条項以外の特約は、別途特約条項に定めるとおりとする。

本ヒナ型にない条項を入れる場合は、特約条項とし本条以下に記載する。

> 第9節　他の著作物の利用

>> 1　従たる著作物

　ここまで、出版物に「著者」と表記される著作者の著作物について、その契約処理を説明してきた。しかし、出版物はその著作物だけで構成されているわけではない。文中で他の著作物について言及すること、図版や写真を参考資料として掲載することだけでなく、解説を入れたりカバーに絵を使用したり、というように、出版物として完成させるために、さまざまな著作物の利用が必要となる。タイトルとして表記される著作物を主たる著作物というなら、これらは従たる著作物ということになるが、適切な権利処理を行わなければならないことはいうまでもない。

　従たる著作物の場合、引用（法32条）等の権利制限規定の要件を満たす場合は許諾が不要となるので、まず引用等の規定に該当するかどうか検討した後、許諾を求めることになる。

　許諾を得る場合は、著作物の出版利用なので、主たる著作物について述べてきたことがそのままあてはまり、理論的には出版権も設定することができるが、実務上そのような取扱いはなされていない。ほとんどの場合は非独占的な利用許諾を得るという形で行われている（写真の利用は、専門のエージェントを通して行うことが多いが、基本的に非独占的な利用許諾であり、音楽著作物を一般社団法人日本音楽著作権協会（以下、「JASRAC」という）等の管理団体経由で利用する場合も同様である）。利用料支払いも一括払いで行うことが多い。

　ここで注意しなければならないのは、これらの従たる著作物を出版物で利用する許諾を得る場合、多くは当該出版物のみに限定した許諾となることである。単行本出版時に許諾を得た場合は、特段の合意がない限り、文庫化したり、また電子出版物として出したりする場合には、改めて許諾を得ること

が必要である。逆に言えば、最初の出版時にさまざまな媒体で展開することが予定されている場合は、包括的な利用許諾を得るか、または著作権譲渡を受けておくか、といった権利処理を検討しておかなければならない。

2　引用として処理できる場合

　出版する作品の中に他人の著作物が含まれている場合、その著作物については原則として出版利用することについての許諾を得なければならないが、法32条1項の要件を満たす利用は「引用」として、許諾なく行うことができる。

　法は「公表された著作物」について「公正な慣行に合致するものであり、かつ、報道、批評、研究その他の引用の目的上正当な範囲」で、引用して利用することができるとしている。引用できる著作物は文章に限らない。写真や美術作品、漫画作品も引用の対象となりうる。要件の一つ目となる「公正な慣行」とは、研究論文等で、自分の説を展開するために、自説の補強として他人の説を引っ張ってきたり、他人の説の論評を目的として引っ張ってきたり、という使い方のように、実態として行われており、かつ社会感覚として妥当なケースと認められるものをいう。自分の言いたいことを伝えるために必要なのであれば、他人の著作物でも利用できるということであり、逆に言えば、自分の著作物中に登場する必然性のない他人の著作物は引用として利用することができないということになる。

　もう一つの要件「引用の目的上正当な範囲」とは、第一の要件とも関係してくるが、自分が作ろうとしている著作物があくまでも主体であって、引用されてくる他人の著作物は従たる存在でなければならない。この主従関係は、実質的に評価されるから、分量について一定のルールがあるわけではなく、写真や、短歌・俳句等の短いものであれば、その全部を引用して利用することが可能である。一方論文等の長いものであれば、その全部を引く必要はないため、自説を主張するための必要な最小限度が、目的上正当な範囲という

ことになる。

　その他、引用という行為の性質から、「明瞭区別性」が求められる。引用される部分が自分の著作物と明らかに区別されていなければならない。文章であれば、引用文を「　」で囲むか、独立した段落とし、前後の行を空けたり書体を変えたりといったような処理を行う必要がある。

　なお、翻案しての引用は認められていないため、引用を行う場合はそのまま引いてくることが求められている。条文の文理上は、ダイジェスト引用を行いたい場合は、引きたいものについて、要旨としてまとめたもの（著作物を複製し改変したと評価できないレベル）としなければならない。ただし、後述するように要約引用を許容した裁判例がある。引用の対象著作物が外国語である場合は、法43条2号の規定により翻訳して引用することができる。

　また、引用した場合には、法48条1項1号または3号の規定により、出所の明示が求められている。明示方法が法定されているわけではないが、態様に応じた合理性が求められている。基本的には引用部分に続けて出所を表示したり、掲載されている同じ頁に表示したりすることが求められるが、対応関係が明らかであれば出版物の巻末にまとめて掲載することも許容される。

　出版物での引用をめぐって争われた裁判例は数多い。以下実務上参考となる重要裁判例をあげる。

　①　「藤田嗣治絵画複製事件」（東京高判昭和60・10・17判時1176号34頁）

　　『原色現代日本の美術　第7巻　近代洋画の展開』に、出版者が著作権者によって掲載を拒否された後、引用に該当すると判断する態様で絵画12点を掲載した事件であり、結論としては引用の主張は否定された。同書籍は全体の6割が図版部分、残り4割が本文部分として構成され、図版部分には88点の絵画がカラーで掲載されており、本文部分にも1頁に1点から数点の割合で、カラー絵画計34点およびモノクロ絵画94点が掲載されているというものである。論文は「近代洋画の展開」と題されるものであり、内三つの章で、レオナール・フジタの絵画がカラーで8

点、モノクロで4点掲載されていた。控訴審となる高裁判決は「本件絵画の複製物は（掲載されている）論文に対する理解を補足し、同論文の参考資料として、それを介して同論文の記述を把握しうるよう構成されている側面が存するけれども、本件絵画の複製物はそのような付従的性質のものであるに止まらず、それ自体鑑賞性を有する図版として、独立性を有するもの」であることを、主従関係を否定する理由としてあげている。事例としては限界に近いところと思われるが、図版使用については、モノクロ化、低解像度化、最小化が要点となると考えられる。

② 『脱ゴーマニズム宣言』事件（東京高判平成12・4・25判時1724号124頁）

漫画作品を批判した論文に当該漫画のカットが57カット掲載されていたことが、複製権侵害、同一性保持権侵害にあたるかが争われた事件である。判決は、漫画著作物が、美術著作物のような見て鑑賞するというものだけでなく、順を追って読むものであるということ、引用されたのは作品の一部であったこと、引用目的が批評であったことを総合的に評価し、漫画のカットに独立した鑑賞性を認めつつ主従関係を肯定した。また、コマの位置関係を変えて掲載した部分については、著作者の同一性保持権の侵害となるとした。

③ 血液型と性格の社会史事件（東京地判平成10・10・30判時1674号132頁）

要約引用を許容した裁判例として知られる。判決は「引用される著作物が場合によっては、記述の対象が広範囲にわたっており、引用して利用しようとする者にとっては、一定の観点から要約したものを利用すれば足り、全文を引用するまでの必要はない場合があ」り「原著作物の趣旨を正確に反映した文章で引用するためには、原文の一部を省略しながら切れ切れに引用することしか認めないよりも、むしろ原文の趣旨に忠実な要約による引用を認める方が妥当である」としており、実際にそのような要約引用は社会的に広く行われている。また法43条2号が、引用が許される方法として翻訳のみを掲げているが、法の趣旨からは要約に

よる引用を排除するものではないとも述べ、要約による引用は許容されるとした。

》 3 写 真

写真（法10条1項8号）は著作物であり、著作者は撮影を行ったカメラマンである。構図や、露出、絞り等の撮影条件の選択に表現の創作性が現れると考えられる。雑誌企画等で、出版者側がテーマを決め、撮影費用を負担したとしても、カメラマンが出版者の被雇用者でない限り、著作権は著作者であるカメラマンのものとなる。

ただ、著作物として扱われるためには、思想または感情の創作的な表現でなければならないから、絵画や書を忠実に複写したものは、被写体である絵画等の複製物と扱われ、その写真自体の著作権はないと考えてよい。[12] 利用する場合は、被写体の著作権処理のみを行えば足りる。一方、彫刻作品等の立体を撮影したものには、その写真自体の著作権が生じ[13]、利用する場合は、撮影したカメラマンと、被写体の著作権者の双方の権利処理が必要になる。なお被写体となる絵画や彫刻の権利処理について、それらを収蔵している美術館や寺社等の許諾が要求される場合がある。被写体の管理者として、写真撮影時にその利用範囲を限定して撮影許諾を行っているような場合には、写真の利用時にあらためて許諾を得なければならないが、その根拠は著作権ではない。

屋外に恒常的に設置されている美術品や建築物の写真の利用については、法46条に規定があり、もっぱら美術の著作物の販売を目的とする複製でなければ、被写体についての権利処理は不要である（法46条4号）。画集や図録と

---

12 東京地判平成10・11・30判時1679号153頁「版画写真事件」
13 知財高判平成18・3・29判タ1234号295頁「スメルゲット事件」 インターネット上の商品紹介写真が、著作物性を肯定し得る限界事例とされながら、結論として著作物性が肯定された事件。

しての出版は同条4号に該当し権利処理が必要となるが、一般雑誌の表紙やグラビア等として掲載する程度であれば許容されると考えられる[14]。同号が問題となった裁判例として「バス車体絵画事件[15]」がある。路線バスの車体に絵画がプリントされたいわゆるラッピング車両の写真を書籍に掲載したことが、絵画の著作権侵害となるかが争われた事件である。判決は、路線バスへの絵画掲載を「屋外の場所に恒常的に設置」されているものとしたうえで、当該書籍が児童向けに各種自動車の役割を説明する内容であったものであることから「専ら」美術の著作物の複製物を販売する目的で複製し販売するものとは言えないとして、著作権侵害を否定している。なお、写真に「写ってしまった」もの（本来意図した撮影対象だけでなく、背景に小さくポスターや絵画が写り込む場合）については、平成24年法改正で新設された権利制限規定である「付随対象著作物の利用」（法30条の2）によって、権利処理を行うことなく利用できる。

　量産されている工芸品や生け花、料理、ファッション等が被写体となる場合、それらが著作物と評価されることは少ないと思われる。しかし著作物性が認められるケースもあるため、それらを出版物の重要な構成要素とする場合には、工芸品・生け花の制作者、料理家、デザイナーも許諾対象としたほうがよいであろう。

　写真からイラストを起こす場合、忠実に写真をトレースすれば、そのイラストは写真の複製物となる。トレースではないがアングル等が同じ場合は、イラストは写真を原作として創作された二次的著作物になると考えられ、そのイラストにはイラストを描いた者の著作権と、原著作物である写真のカメラマンの権利とが、重なり合って存在することになる。作成されたイラストが元にした写真の二次的著作物となるかどうかは、ケースバイケースの判断となるが、「元の写真を想起させるかどうか」が判断基準となると考えてよ

14　加戸守行『著作権法逐条解説〔6訂新版〕』348頁（著作権情報センター、2013）
15　東京地判平成13・7・25判時1758号137頁

い。

》〉 4 音楽著作物（歌詞）

　歌詞の著作物を利用するケースは、大別すると、小説や漫画の主人公に作中で歌を口ずさませるような場合と、もっぱら歌だけを掲載した楽譜集とする場合とに分けることができる。前者の場合は、「その時代状況を説明し把握させるために必要な作品として他人の詩歌等を挿入する場合」のように引用として利用できるケースもあるが[16]、出版物において音楽著作物を利用する場合は、通常JASRAC等の音楽著作物管理事業者にその利用を申請する。利用料は管理事業者ごとに決められており、たとえばJASRACであれば、楽譜や中身の大半が音楽著作物となっている書籍では、その定価の1割に発行部数を乗じた額が音楽著作物使用料となる。また歌詞を文中で利用するような場合は、1曲あたり○○円（○○部まで）という形になっている[17]。電子出版物の場合は、ネットワークを利用した音楽配信（インタラクティブ配信）として扱われ、利用料の算定方法は多岐にわたるが、1曲あたりのダウンロード数や利用者数に応じた利用料となっている。

　利用にあたっては、これらの規定にしたがって申請および使用料支払いを行えばよいのであるが、注意すべき点が存在する。紙媒体出版では、版元となる出版者が音楽著作物利用についての申請および使用料支払いを行うのであるが、電子出版では、原則として配信事業者が申請および使用料の支払いを行うことになる。この場合電子出版物の出版者は、出版物に含まれている音楽著作物の情報を配信事業者に通知する必要がある。このように最終利用

16　加戸・前掲〈注14〉266頁
17　JASRACでは、音楽著作物の複製利用について、「部分使用」「極少使用」の場合使用料を軽減している。「部分使用」とは歌詞の場合1番の半分以下の使用であり、規程の1/2の料金、「極少使用」とはごくわずかな部分使用であり、無償とされている。文章中での引用問題の一環として議論されてきた経緯をふまえ、単独での使用（たとえば広告目的で、ワンフレーズを使用するような場合）には適用されない。

者の直前で権利処理を行うことは「蛇口主義」といわれている。一方制作元で権利処理を行うことは「元栓主義」といわれる。つまり、紙媒体出版物と電子出版物では権利処理の方式が異なるため、出版者は２種類の権利処理方式に対応しなければならない。映画では、DVD等のパッケージとして頒布する場合も最終販売事業者が音楽著作物についての申請および支払いを行うことが通例であり、「蛇口主義」で一貫している。しかし、音楽著作物を利用しない映画はほとんどないが、出版において音楽著作物を利用するものはむしろ少数である。少数の出版物のために異なる権利処理方式を採らなければならないことは、出版者にとって電子出版に取り組むにあたって余計なコストを強いることになりかねない。

　電子出版物における、使用料の算出基準もかなり高額である。JASRACの使用料規定では、小説やコミックの中で歌詞を一部使う場合、１曲あたり情報料の6.2％または6.2円のいずれか多い額とされており、たとえばダウンロード販売価格が500円の電子書籍中に、２曲の歌詞を部分的に利用したとすると、それだけで使用料は62円となり印税率でいえば12％以上となる。著作者の印税率に匹敵する非現実的な数字である。このため、書協等でJASRACと協議を行い、書籍と同一内容の電子書籍で音楽著作物を利用する場合（楽譜集など書籍の内容が主として歌詞または楽曲の場合は含まない）、情報料の0.2％または0.2円のいずれか多い額にリクエスト回数を乗じた金額を使用料とする合意がなされている。また、書協に加盟する出版社が提供する配信については、使用料支払いを配信事業者が行うのではなく、出版社が元栓で一括して処理し支払うものとされている。

〉〉 5　装画、挿絵、ブックデザイン

　書籍出版物の装画や挿絵として用いられる絵画、写真、イラストが著作権処理の対象となることはいうまでもない。一方装丁デザインを含むブックデザイン自体には、一般に著作権は生じないと考えられる。

書籍の装画については注意を要する。紙媒体書籍が販売される場合、装画を含めた書影が新聞広告等に用いられ、またアマゾン等のインターネット書店においても使われることが一般的であるが、このような使い方は、装画の性質上当然ともいえる使い方であり、装画家はこれも含めてその装画の利用を認めていると考えて差し支えない（法47条の2「美術の著作物等の譲渡等の申出に伴う複製等」の規定により、インターネット書店でのサムネイル使用は、画素数9万以下の画像であれば権利処理が不要となる）。しかし問題となるのは、電子出版物の配信にあたって、底本となる書籍の書影を、電子出版物の「書影」（電子出版物自体には使われていないことが多い）として配信サイトに表示したり、端末での「本棚」で表示したりするケースである。配信型電子出版物サービスではごく一般的な利用方法であるが、意識的な権利処理がなされているケースは多くないように思われる。このような使用方法は、読者にとって、紙媒体書籍と電子出版物との編集内容の同一性を示しているようなものであり、一定の合理性があるものだといえるが、現行法で適法とするような権利制限規定は存在しない（紙媒体書籍と電子出版物とは同じ商品とはいえないため、同条には該当しないと考えられる）ため、意識的に権利処理作業を行うべきであろう。過去の出版物については、早急に出版者、装画家等が参集して、納得できるルール作りに努めることにより、解決への見通しをつけていく必要があるように思われる。

〉〉 6　権利処理情報の記録と管理

　ここまで述べてきた、出版契約、権利処理については、その記録を作成し保管することが、実務上きわめて重要となる。書面による出版契約書の作成比率は向上しているが、出版契約書が作成されるのはメインの著作権者についてのみの場合がほとんどであり、出版物中で使用されている写真や図版、音楽著作物の権利処理については金銭の支払いだけが行われていることが多い。しかし、このような従たる著作物の権利処理情報を出版物と関連させて

記録・保管しておかないと、電子出版での利用やその他の新しい利用のチャンスが生じたときに、誰に対してどのような権利処理を行うべきかを迅速に探索することができない。過去の出版物を電子出版物化する際に最も障害となるのが、この部分である。

　電子出版を含めて、利用方法や範囲がある程度想定されているのであれば、その利用を可能とする権利処理を、すべての権利者（厳密な意味での著作権者に限られない）に対して行わなければならないが、出版契約時には想定できなかった利用も生じる可能性があるため、権利処理情報の記録・保管は、出版者にとって欠くべからざる作業となると考えるべきである。

〉第10節　雑誌の契約

〉〉1　掲載契約と書籍化

　雑誌も紙媒体出版物の一つであり、ここまで述べてきた出版契約の対象として考えることができる。出版権設定契約も可能である。しかし、実務は、書籍についての出版契約とは異なる形で行われている。後述する雑誌の特徴のうち、「流通期間が事前に想定されていること」が、その理由として重要である。

　出版契約はもっぱら出版後の流通において著作権者と出版者との利益の調整を行うことがその目的だということができるが、雑誌の場合は、あらかじめ発売日が決まっており、また出版物として流通する期間も決まっている。また原稿料や掲載料が発行部数や販売部数と連動せず、一定の基準で一括払いされている。そうすると取り決める必要がある項目は、「いつまでに入稿するのか」ということが中心であり、流通期間も限定されるため、掲載が「独占的」なのか「非独占」なのかということはあまり問題とならない。このため、雑誌の出版契約は、もっぱら「掲載契約」として理解されることになり、雑誌掲載原稿が書籍化される場合に「出版契約」が行われることになるのである。

　掲載契約は、口頭のケースが多いが、ライターや漫画家の場合は、雑誌と専属契約を締結することも多く、その中で掲載に関する契約が書面化される。近年はメールを利用した執筆依頼も多いため、全くの口約束ではなく、契約の証拠が一定程度存在するといえる状況であろう。書面による契約は将来のトラブル回避を目的とするものであり、可能な限り契約の書面化を行うことが望ましいと考えるが、雑誌の場合は締切という時間的制約もあるため、必ずしも書籍のような出版契約書の締結でなければならないと考える必要はなく、メールベースで執筆に関する項目（締切、分量、原稿料等）を書面化し

ていく方向でよいのではないかと考える。

2 著作権以外の権利

　権利処理は著作権のみについて行えばよいというものではない。著作権のように明示的に法律で保護されているもの以外でも、法的に保護される権利は存在する。

　雑誌で問題となるのは、「パブリシティ権」である。パブリシティ権は法律によって規定されている権利ではないが、以前から下級審では権利として認知されてきていた。そして平成24年2月2日最高裁は、最上級審として初めて「パブリシティ権」という用語のもとにこの権利を認めた[18]。「人の氏名、肖像等は、個人の人格の象徴であるから、当該個人は、人格権に由来するものとして、これをみだりに利用されない権利を有する」とするのが確定した判例[19]であるが、上記「ピンク・レディー事件」判決は、「（人の氏名、）肖像等は、商品の販売等を促進する顧客吸引力を有する場合があり、このような顧客吸引力を排他的に利用する権利」として「パブリシティ権」を定義した。そのうえで、パブリシティ権は肖像等のそれ自体の商業的価値に基づくものであるとして、その由来が人格権にあるとした。またその一方で「肖像等に顧客吸引力を有する者は、社会の耳目を集めるなどして、その肖像等を時事報道、論説、創作物等に使用されることもあるのであって、その使用を正当な表現行為等として受忍すべき場合もあるというべきである」として、パブリシティ権の侵害となる範囲は制限されるとした。さらに、「肖像等を無断で使用する行為は、①肖像等それ自体を独立して鑑賞の対象となる商品等として使用し、②商品等の差別化を図る目的で肖像等を商品等に付し、③肖像

18　最一小判平成24・2・2民集66巻2号89頁「ピンク・レディー事件」

19　氏名につき、最三小判昭和63・2・16民集42巻2号27頁「NHK日本語読み事件」、肖像につき、最大判昭和44・12・24刑集23巻12号1625頁「京都府学連デモ事件」、最一小判平成17・11・10民集59巻9号2428頁「和歌山毒入カレー事件」

等を商品等の広告として使用するなど、専ら肖像等の有する顧客吸引力の利用を目的とするといえる場合に、パブリシティ権を侵害するものとして、不法行為法上違法となると解するのが相当」として、無断使用が違法と評価される類型を三つあげた。

　この判旨について金築誠志裁判官が補足意見を述べており、判旨の理解に役立つと思われるため引用する。「顧客吸引力を有する著名人は、パブリシティ権が問題になることが多い芸能人やスポーツ選手に対する娯楽的な関心をも含め、さまざまな意味において社会の正当な関心の対象となり得る存在であって、その人物像、活動状況等の紹介、報道、論評等を不当に制約するようなことがあってはならない。そして、ほとんどの報道、出版、放送等は商業活動として行われており、そうした活動の一環として著名人の肖像等を掲載等した場合には、それが顧客吸引の効果を持つことは十分あり得る。したがって、肖像等の商業的利用一般をパブリシティ権の侵害とすることは適当でなく、侵害を構成する範囲は、できるだけ明確に限定されなければならないと考える。……肖像等の無断使用が不法行為法上違法となる場合として、本判決が例示しているのは、ブロマイド、グラビア写真のように、肖像等それ自体を独立して鑑賞の対象となる商品等として使用する場合、いわゆるキャラクター商品のように、商品等の差別化を図る目的で肖像等を商品等に付する場合、肖像等を商品等の広告として使用する場合の三つの類型であるが、これらはいずれも専ら顧客吸引力を利用する目的と認めるべき典型的な類型であるとともに、従来の下級審裁判例で取り扱われた事例等から見る限り、パブリシティ権の侵害と認めてよい場合の大部分をカバーできるものとなっているのではないかと思われる。これら三類型以外のものについても、これらに準ずる程度に顧客吸引力を利用する目的が認められる場合に限定することになれば、パブリシティ権の侵害となる範囲は、かなり明確になるのではないだろうか」。

　この補足意見に従えば、タレントの写真を雑誌の表紙に使用すること、グ

ラビアページに登場させること、雑誌中吊り広告等にタレントの写真を使用することは、いずれも無断で行えばパブリシティ権の侵害となる。

　もっとも、雑誌におけるこれらの使用は、タレントを物理的に拘束して撮影を行うものであるから、本人および所属プロダクションの承認のもとに行われるのであり、パブリシティ権侵害の問題は生じない。問題は雑誌出演への承諾が電子雑誌での使用を当然に含むのか、というところにある。

　これについては、著作権で、紙での出版契約が当然に電子出版を含むものではないと考えられているところからも、雑誌出演を承諾したからといって、電子雑誌での使用を含むものではないと考えるのが妥当である。さらに、電子雑誌ではタレントの音声や動画を使用した、リッチコンテンツ化の可能性があり、そこでの顧客誘引力は、文字や写真での顧客誘引力とは異なるものとも考えられるのであって、その点からも別途承諾が必要であろう。この顧客誘引力に着目したイメージキャラクター等での出演は、媒体ごとに細分化されていることも多いからである。

》3　雑誌型電子出版の特徴

　ここまで、主として書籍を想定して電子出版の問題を考えてきたが、出版市場は書籍だけで構成されているわけではない。書籍市場と同じくらいの規模で雑誌市場が存在している。そして、紙媒体出版物ではほとんどの販売ルートで書籍と雑誌が併売されており、出版者も書籍と雑誌の両方を出版していることが多い。これは日本の出版市場の特徴といえる部分であるが、電子出版でも、同様に書籍としての性質をもつ「電子書籍」と雑誌としての性質をもつ「電子雑誌」が出版され流通することが想定される。

　もっとも、書籍と雑誌とは紙媒体出版においても明確に区別されるものではない。電子出版物は有体物ではないため、電子書籍と電子雑誌の差は一層近づくことになる。しかし、差が全くないということはない。書籍と比較して、雑誌の特徴といえるところが大別すれば四つ存在すると考えられる。

まず一つ目は、雑誌が本来的に「流通期間」を想定して編集されるものであるということである。著作権の保護期間は、一律に著作者の死後50年とされているが、著作権の保護期間と書籍の流通期間は当然異なり、長期間にわたって売り続けることを想定した本がある一方、短期間で売り切ってしまうことを想定した本も存在する。さらに、作り手が短期間と想定していても、売れ行きがよければ結果として長期にわたって流通することがありうる。どのくらい流通するのかは書籍によって異なるということである。

　雑誌は、それが流通制度として組み込まれている。週刊誌は最大1週間しか店頭に存在しないし、月刊誌なら1カ月となる。雑誌は編集される際、いつからいつまで店頭にあるのか、ということを当然の前提として作られているといえる。

　電子出版物は有体物ではないため、在庫を考慮する必要はなく、一度電子出版物としてサーバーにアップすれば永久に配信可能とすることも可能となる。しかし電子雑誌として考えるならば流通期間を意識する必要がありそうに思われる。

　二つ目は、雑誌が多くの参加者によって制作されていることである。本であっても多数の著作者がかかわるものがあり、辞書はもともと多数の執筆者によって作られるものであるから、参加者が多いということは必ずしも雑誌のみの特徴ではない。

　しかし、一般には多くの人々がさまざまな立場から参加しているのが雑誌といえるのであり、電子雑誌としての展開をするにあたっては、特に権利処理の局面において困難な問題が生じることになる。

　三つ目は、1冊の書籍を分割して電子書籍版を作るという状況はそう多くは想定されないのに対し、雑誌については記事単位での再編集が容易に想定されることである。

　四つ目は、雑誌が広告媒体としての機能をもち、さらに雑誌タイトルが商標としての機能、すなわちブランド価値をもっているという点である。電子

雑誌として展開する場合も、このメリットを放棄する必要はないのであり、単に個別データのダウンロード販売にとどまらないビジネス展開が想定される。

⟫⟫⟫ (1) 契約締結上の問題点

　紙媒体としての雑誌契約の状況は、「掲載契約と書籍化」の項（84頁参照）で述べたとおりであるが、電子雑誌への展開を想定すると、その程度の契約処理状況のままでは外部の配信事業者との契約は難しくなる。書籍と同様に、配信する電子雑誌についてそれに係る権利のすべてが処理されていなければならないからである。

　また、雑誌には、本来の流通期間を超えて、バックナンバーが販売されることがある。紙媒体出版では物理的な制約からごく一部の書店でのみ行われるものであるが、電子雑誌になれば、そのような物理的な制約は存在せず長期にわたって販売されることになると思われる。前述の雑誌の第1の特徴が揺らぐことになるのだが、それを契約条項にどのくらい反映させていくのか、ということが検討されなければならない。なお、バックナンバー販売を想定した契約を締結できたとしても、すでに刊行された分については特に合意をしない限り遡って利用することはできないことに注意しなければならない。

⟫⟫⟫ (2) 雑協ガイドライン

　日本の雑誌出版者の団体である一般社団法人日本雑誌協会（雑協）は、雑誌のデジタル化に取り組むために、2009年デジタルコンテンツ推進委員会を発足させ、電子雑誌の制作、流通の全般にわたって検討を行っている（委員会構成は2013年に変更され、同委員会は置かれていない）。権利処理についても、雑誌というメディアの特性を踏まえつつ、円滑な権利処理の実現をめざして2種類の権利処理ガイドラインを取りまとめて公表している。

　一つは、著作権の権利処理ガイドラインであり、文藝家協会および一般社団法人日本写真著作権協会（JPCA）と共同して策定したものである。もう

一つは、パブリシティ権についての権利処理ガイドラインであり、一般社団法人日本音楽事業者協会（音事協）と共同して策定したものである。なお、パブリシティ権についてのガイドラインは、2013年3月末日をもって、雑協と音事協との合意により解消された。

　ガイドライン策定時の目標とされたのは、①雑誌の発売と同時に配信可能な状況にする。②一定の範囲において追加使用料の支払いが発生しないようにする。③不正配信等に対し迅速に出版社として対抗可能とする。④雑誌ブランドの価値を維持・増大させ、著作者たちとの共存共栄を図る。といったことであった。

　想定した状況は、印刷物と電子的媒体とでほぼ同時に雑誌が発行されるというものである。印刷物としての雑誌は前述のとおり流通時期および流通期間を想定して記事が作られるものであり、電子的媒体であってもその性質が変わるものではないと考えられる。当初の流通期間を経過したものは、バックナンバーサービスあるいはアーカイブサービスとして、別種のビジネスを構成するものとなる。これも雑誌ビジネスの一部ではあるが、著作権の権利処理という観点からは、別個の扱いとすることが妥当であると考えられたため、ガイドラインは同時刊行の部分にのみ焦点をあてて作成された。

　以下、著作権の権利処理ガイドライン（デジタル雑誌配信権利処理ガイドライン　2010年12月1日）について解説する。

デジタル雑誌配信権利処理ガイドライン

1　本ガイドラインは、㈳日本雑誌協会加盟社が発行する雑誌における、雑誌製作に参加する作家、写真家を含むすべての著作者の著作権の取り扱いについて定める。

　また、本ガイドラインは、事前に作家、写真家を含むすべての著作者に告知され承諾を得ることにより、雑誌発行社と作家、写真家

を含むすべての著作者との間の契約を構成するものとなる。

　本条は、ガイドラインが適用される範囲と性質について定めている。雑誌制作には出版者（編集者）のほかに、多数の作家、写真家が参加するが、作家、写真家の著作権について事前に書面による契約が行われることは少ない。また、雑誌は定期刊行物であり締切に向かって集約的に作業が行われるため、その都度著作物利用についての契約を締結する時間的な余裕がないことが多い。このため、本ガイドラインが周知されていることを前提としたうえで、「ガイドラインに準拠する」旨の合意があれば、本ガイドラインの次条以下の規定が、出版者と作家、写真家との著作物利用についての契約となる、と定めた。この結果、他に特段の合意がない限り、本ガイドラインの条項が法的拘束力を有するものとなる。

2　本ガイドラインにおける「雑誌」とは、印刷物として刊行されるものの他、その全部または大部分を電子的媒体により送信するもの、及び当該雑誌の表題を冠して雑誌中の記事（写真等を含む）を電子的媒体により送信するものをいう。電子的媒体による送信は、印刷物のレイアウトを再現しない形式のものを含むが、雑誌表題が出典表示にとどまるものは含まれない。

　雑誌を電子的媒体で送信する場合、印刷物全体を一つのコンテンツとして配信するのではなく、記事単位での配信も考えられる。しかし、たとえば写真1枚単位の配信まで本ガイドラインの対象としてしまうと、雑誌ビジネスの範囲を超えるものといえるだろう。本ガイドラインの目的は、印刷物と電子的媒体との両方での雑誌ビジネスの展開を支援することであり、「雑誌」の範囲はその目的に沿うように定める必要がある。雑誌ビジネスが雑誌のタイトルをブランドとする方向で行われていることに鑑み、本ガイドラインで

は表題を冠して送信するもののみに適用されることとした。

> 3　前条の具体的な利用状況については、雑誌発行社は、可能な限り作家、写真家を含むすべての著作者に、事前に周知されるよう努める。

　本ガイドラインでは、著作権がいったんは雑誌発行社に譲渡される。しかしこの譲渡は恒久的なものではなく5条ないし9条に定めるとおりごく短期間のものであり、作家、写真家に権利が復帰することが予定されている。このため、ガイドライン適用期間中の著作物の利用状況については事前の周知を努力目標として設定した。

> 4　前2条の電子媒体による送信には、当該雑誌発行社が自ら行うものの他、雑誌発行社から許諾された第三者によるものを含む。

　電子的媒体による配信は、雑誌発行社自らが行うだけでなく、配信事業者に委ねる場合もあるため、規定した。

> 5　雑誌編集部から、当該雑誌のために新たに発注される記事・写真等の著作物については、特段の取り決めがない限り、以下の範囲において著作者から雑誌発行社に対して下記の期間に限定した譲渡の形式で、その利用がゆだねられるものとする。第三者に対する再譲渡は行われない。
>
> ①期間　刊行間隔の倍の期間かつ1か月以上3か月内（首都圏発売日の翌日起算）
> 　　例）週刊誌・隔週刊誌・月2回刊誌　　1か月
> 　　　　月刊誌・隔月刊誌　　　　　　　2か月

　　　　季刊誌　　　　　　　　　　3か月

②対象となる権利　　複製権（法21条）、譲渡権（26条の2）、翻案権（27条　ただし外国語への翻訳・翻案のみ）、公衆送信権・送信可能化権（23条）

　譲渡される期間と、対象となる支分権を定めたものである。刊行間隔は、印刷物の実質的な流通期間であり、電子的媒体の場合もこれに倣うというのが基本的な考え方であるが、電子での刊行がやや遅れるといった場合を想定し、多少余裕を見た期間とした。週刊誌については刊行間隔の倍だと2週間となるが、それでは短すぎると考えられたため1カ月とし、隔月刊誌や季刊誌は4カ月や6カ月となるが、それでは長すぎると考えられたため、2カ月、3カ月とした。

　対象となる支分権は、印刷物としての雑誌販売と電子的媒体の配信が可能となる範囲としたが、翻訳したうえでの海外展開を想定し、翻案権の一部を加えている。

6　前条の利用については、雑誌発行社は、著作者人格権（氏名の表示、同一性保持）に関し、印刷物での利用と同様に必要な配慮を行うものとする。

　著作権が譲渡されていたとしても、氏名表示等の著作者人格権は作家、写真家のもとにあるため、当然のことを努力規定として置いたものである。

7　著作権者が、第5条①の期間内に、雑誌以外での著作物の利用を希望し、雑誌発行社が同意する場合は、第4条及び第8条の規定にかかわらず、著作権者は当該著作物の利用を行うことができる。

雑誌に記事等が掲載された後、あまり間隔をあけることなくその記事が書籍に転載されることが想定されることから、雑誌発行社の同意を条件として、転載ができることとした。5条の期間内は著作権が雑誌発行社に帰属していることから、転載は雑誌発行社からの許諾により行われるということになろう。

8　上記著作物の、雑誌における利用の対価は、原稿料等として一括して支払われるものとし、第5条の期間内の利用に対しては、特段の取り決めがない限り、追加の利用料支払いは発生しない。

　雑誌での著作物利用料は、印刷物においてもほとんどの場合原稿料等として一括して支払われており、書籍のように印刷部数に比例するような支払いは行われていない。仮にそのような支払いを行うとしたら、記事の全体に対する割合を算出して、著作物使用料を案分するということになるが、実務上現実的ではない。原稿料等は、雑誌ビジネスにおいて固定費的な扱いをされているのであり、電子的媒体を含めて一体のビジネスとして展開するのであれば、一括して支払うことが現実的であると考え規定されたものである。注意しなければならないのは、本条が電子的媒体での利用料を無料とする趣旨の規定ではなく、印刷物と電子的媒体とを一体として評価し、妥当な利用料を支払うべきである、という趣旨に規定であるということである。

9　第5条①に定めた期間の経過により、著作権は当然にすべての著作者のもとに戻る。雑誌発行社が電子媒体における利用の継続を希望する場合は、その具体的内容や対価などについて、別途協議するものとする。

　いったん譲渡されていた著作権の復帰について規定したものである。5条

の期間経過により、もとの著作権者や雑誌発行社が何らアクションを起こすことなく復帰するとしている。印刷物による販売は、期間が経過していても原稿料等の支払いにより印刷した分の販売は可能であるという合意があったとみてよい(バックナンバーサービスは、あくまでも「売れ残り」がその対象である)が、電子的媒体では、そのままアーカイブサービスに移行してしまうことになる。これは本ガイドラインの範囲外であるため、別途協議事項とした。

> 10　本ガイドラインの規定は、従来の印刷物における慣習に影響を及ぼすものではない。また、電子的媒体における利用は、現在まだ定着しているとは言えず、その形態の変化も激しいことが予想されることに鑑み、本ガイドラインは、日本雑誌協会及び著作者等の関係者により、定期的に見直しを行うものとする。

　電子的媒体による雑誌ビジネスは、まだビジネスとして十分に定着しているとはいえないことから、関係者において定期的な見直し協議を行うことを義務付けたものである。また、第一文は、これまでの印刷物による雑誌ビジネスでの取り決めについて、このガイドラインが変更を加えるものではないことを明示している。

〉第11節　その他の問題

〉〉1　リッチコンテンツの取扱い

〉〉〉(1)　リッチコンテンツの問題点

　電子出版物の主たる頒布媒体がCD-ROMであったときは「マルチメディアコンテンツ」と呼ばれていたように、映像や音楽・音声と文字・図画とを組み合わせた電子出版物が考えられる。紙媒体出版物よりも豊かな表現が可能であるという意味を込めて「リッチコンテンツ」と呼ばれることも多い。ただ、リッチコンテンツとはいっても、文字・図画の部分の利用許諾契約はこれまで説明してきた出版契約のスタイルで差し支えない。リッチコンテンツの特殊性は、映像や音楽・音声の部分の利用許諾をどうするのか、というところと、映像や音楽・音声が電子出版物ファイルにデータとして組み込まれているのか、それとも外部のリンク情報のみが記述されているのか、というところにある。

〉〉〉(2)　映像や音楽を組み込んだ場合

　映像や音楽・音声が電子出版物ファイルにデータとして組み込まれる場合、映像や音楽・音声について「複製」が行われ、さらに配信の際に「公衆送信」が行われることになる。したがって、組み込まれる映像や音楽・音声について、その著作権者や著作隣接権者が存在する場合は、複製および公衆送信に関する権利処理を行わなければならない。映像は通常映像製作者が映像の著作権を有しており、直接許諾を得ることになる。音楽はJASRAC等の管理事業者に委託されているケースがほとんどであり、受託している管理事業者に対して許諾を申請する。音楽・音声についてすでに録音されているものを使用する場合は、その録音を行ったレコード会社等が著作隣接権として

のレコード製作者の権利を有しているため、その権利処理は音楽著作物の権利処理とは別個に直接行わなければならない。また、映像等が放送されたものである場合（録画等を行ったものを使用するような場合）には、著作隣接権としての放送事業者の権利が映像の著作権とは別に生じているため、これも別個に直接当該放送事業者等との間で権利処理を行う必要がある。

⟫⟫⟫ (3) 外部リンクの場合

　外部のリンク情報のみが記述されている場合は、基本的に権利処理の必要はない。リンク元である電子出版物では複製は行われていないからである。リンク禁止といった表示がなされている場合もあるが、これらは単なる希望であって法的効果を生じさせるものではないため、原則として権利処理の対象とする必要はない。ただ、リンク先の画面を、リンク元である電子出版物上に枠を設定してその枠に表示するような場合（フレームリンク）は、あたかも出版物上に他人の著作物たるリンク先の画面を埋め込んだ形となり、見た目は著作物の使用と異ならない。複製等が行われていない、というだけの違いである。複製権侵害や公衆送信権侵害といった著作権法上の問題とはなりがたいが、他人の著作物の一部を切り取って見せていると考えれば、著作者人格権の可能性[20]はあるといえる。また、リンク先のトップページを省いて、その下層のページに直接リンクするような場合（ディープリンク）は、リンク先の広告機能等に影響を与えることも考えられる。これらのリンクの問題は、現段階では法的問題というよりはマナーの問題といえるものであるが、トラブルを回避するためにはリンク先に事前に通知するなどの配慮が求められる。さらに、電子出版物の流通期間が限定されていれば、リンク切れの危険性をあまり考慮しなくてもよいであろうが、長期にわたって流通することを想定するのであれば、外部へのリンクという手法自体を再考する必要があ

---

[20] 中山・前掲〈注1〉252頁

るだろう。

2 映像化等の二次的利用

　出版契約を行う際、同時に著作物の映像化等についての約束を行うことがある（書協ヒナ型出版契約書16条参照）。これは、著作物を出版物以外に利用するものであるから、本来出版契約とは別に独立した契約となる。しかし、多くの場合映像化等は著作物が出版されたことによって企画され、出版と映像ビジネスが相互にプラスの影響を与えることが期待されているものであるから、出版者にとって積極的に関与するメリットがある領域である。また、著作者の側から見て、アメリカで一般的な出版エージェントという代理人システムがほとんどないため、出版者に代理人を務めてもらう必要性はあるといえるだろう。文藝家協会等の著作者団体に著作権の管理委託をするという選択肢もあるが、特に新刊の出版物については、著作物の内容を最も熟知しているのが出版者であるから、出版物のプロモーションとあわせて出版物以外の利用について積極的なプロモーションを出版者に期待することができるといえる。

　書協ヒナ型出版契約書16条に列挙している二次的利用は、「翻訳・ダイジェスト等、演劇・映画・放送・録音・録画等」であり、その多くは出版契約の対象となっている著作物をもとにした、二次的著作物が作られる場合である。二次的著作物とは、原著作物を「翻訳し、編曲し、若しくは変形し、又は脚色し、映画化し、その他翻案」（法27条）することによって新たに創作される著作物のことをいう。このような原著作物をもとにした新たな著作物を作ることを許諾する権利が翻案権（同条）であり、著作権者がその権利を専有している。

　同条が定めているのは、出版者が問い合わせの窓口となること、および二次的利用について利用許諾を求める第三者との間の交渉を出版者が著作者の代理人として行うということである。第三者への許諾条件は、出版者と著作

者がその都度協議を行い決定することになる。映画化等は一般に金額も大きく、また後のビデオ化や配信等の展開といった、決めるべき事項も多いため、出版者と著作者が協議しながら第三者への許諾を行っていくことになる。このため、出版契約の段階では書協ヒナ型のように窓口の所在および出版者を代理人とすることのみを定めておき、詳細な条件についてはその都度協議する、というスタイルが合理的だと考えられる。一方、外国語への翻訳は、映像化ほどその都度取り決めなければならない事項はないため、あらかじめ出版者の代理人手数料等について定めておくことも可能であろう。このような場合、外国の出版者から日本の出版者に支払われる著作物使用料を、出版者が3～5、著作権者が7～5の割合で配分している例が多い。日本ユニ著作権センターがその会員向けに提供している「出版契約書」新ひな型では、出版者に優先権を与えるとともに、出版契約に付属する覚書という形式で、翻訳、映像化といった二次的利用について、著作権者が出版者に委任する範囲と手数料等を、出版契約とともにまたは追加して合意し書面化することが提案されている。

配信契約

第 2 章

〉第1節 総　説

　電子出版の形態はさまざまであり、配信契約の内容もそれに応じて多様なものとならざるを得ないのであるが、本書で検討する配信契約は、出版者が電子出版物ファイルを、配信事業者を通して利用者に送信することに関して締結されるものを想定することにする。前章においても述べたとおり、本書は紙媒体出版と電子出版とを一体として取り扱うこととしており、紙媒体出版物の流通と対比して電子出版の流通すなわち配信のルールを考えていくことが、著作者や出版者にとってわかりやすいと考えたためである。

　配信という形態を採る電子出版が日本で行われるようになったのは2000年頃からであるが、以降配信スタイルの主流は、電子出版物を「1冊単位」でダウンロード販売する、というものである。ソニーReader、楽天kobo、アマゾンのKindleといった再生用の専用端末を組み込んだ電子出版配信事業はいずれも、「1冊単位」のダウンロード販売であり、「1冊単位の販売」という点で見れば、紙媒体出版物の販売と類似する。とはいえ、有体物である紙媒体出版物の取引が、基本的に物の売買という形で行われていくのに対し、電子出版物は無体物であるため、自ずと違いは生じる。出版物に含まれる著作物について紙媒体出版であれば流通途中で譲渡権が消尽するため、読者は買った出版物を自由に古書店に売ることができるが、電子出版物では、公衆送信権が消尽しないため、読者はダウンロードした電子出版物を転売することはできない。また電子出版物には、在庫という概念がないため、紙媒体出版物に存在した「売れ残りのリスク」をどう配分するのか、という点についても再考しなければならない。これと関連する問題であるが、電子出版物は再販制度の対象外とされているため、価格決定権が原則として配信事業者にあるとすることによる、市場への影響も考えていく必要があるだろう。

　違いの部分を詰めて考えていけばいくほど、紙媒体出版流通と電子出版物の配信とは異なるもののように見えてくるが、引いて見れば、どちらも同じ

出版物であり、社会で果たすべき役割も変わるものではないはずである。出版の自由は憲法上保障されている基本的人権の一つであるが、これまでの紙媒体出版は、その運用も含めて出版の自由が行使できるだけの社会的基盤を維持・保全してきたように思われる。配信事業者の多くは、これまでの出版界に属していなかったニュー・カマーであるが、これらのニュー・カマーによる新しい市場も、出版の自由を保障できるようなルールが確立されていることが望まれる。配信契約はその重要なツールとなる。

第2節　配信契約に係る支分権

1　自動公衆送信権・送信可能化権

　配信事業者が利用者に対して電子出版物を送信する行為は、サーバーに配信用データを、リクエストされれば自動的に送信可能な状況下で記録し、利用者からリクエストを受けた時点で自動的に送信を行うというものであり、自動公衆送信権（法23条1項）の行使である。

　サーバーを配信事業者が管理しており、リクエストを受けて自動的に送信するプロセスを配信事業者が管理しているならば、この自動公衆送信権の行為主体は当該配信事業者となる。

　一方、仮に出版者が配信事業者との契約によって、配信事業者が管理するサーバーの一部を出版者の領域として用い、そこにデータおよび自動公衆送信のしくみを置いた場合は、当該配信事業者は単に自動公衆送信に関して出版者の手足（履行補助者）として振る舞うにすぎないと評価することが可能である。この場合の自動公衆送信の行為主体は出版者ということになる。

　どちらが行為主体となるかは、出版者と配信事業者との契約内容および具体的な送信プロセスによって決定されることになる。アマゾンや楽天、ソニーReader といったサービスについていえばほとんどの場合、配信事業者が行為主体と評価されることになるであろう。なお、従来電子出版市場の中心であった携帯電話の公式サイトでの配信は、利用者がNTTdocomo 等のキャリアを通して課金・決済を行うとしても、その決済処理済みの情報が公式サイト運営会社に送られ、その管理するサーバーから送信が行われることになるため、キャリアが自動公衆送信の行為主体とはならず、公式サイト運営会社が行為主体となる。出版者が自ら公式サイトを運営していれば、出版者が行為主体ということになる。

〉〉 2　複製権その他支分権

　出版者が、自己が管理するサーバーまたは配信事業者が管理するサーバーに配信用データを記録することは、データ内の著作物についていえば、複製行為が行われていることになる。そして利用者からのリクエストに応じて、データを送信することは前述の自動公衆送信行為であり、利用者の端末にデータが残る場合は、そこでも新たに複製行為が行われていることになる。このように、配信型電子出版においては、自動公衆送信権と複製権とが行使されているが、契約書上は「配信許諾」という表現で差し支えない。

　なお、利用者は、ダウンロードしたデータをさらに他のメディアに複製したり、第三者に送信したり、他のメディアに複製したものを第三者に譲渡したりすることは原則として行うことはできない。自分用にバックアップをとったりするために他のメディアに複製することは、法30条の私的使用のための複製として行うことは可能であるが、通常、配信されるデータには複製を禁止するDRMが技術的保護手段として採用されているため、それを回避して複製した場合には、同条の範囲外の行為となり違法となる。また、Kindleやソニー Reader等の端末にデータが保存されているままの状態で、その端末自体を第三者に譲渡することは、複製物の譲渡にあたるため、許諾なく行われると譲渡権を侵害することになり違法となる。第三者に貸し出すことも、貸与権の侵害となり違法となる。プリントアウトした物を譲渡したり貸与したりするのも同様である。紙媒体出版物を第三者に譲渡することができるのは、譲渡権を有する者またはその許諾を得た者により公衆に譲渡された著作物の原作品または複製物については消尽する（法26条の2第2項1号）とされており、出版者から販売用に出荷された段階で最初の譲渡が行われ、それ以降の譲渡については譲渡権が消尽し働かなくなるからである。

　このように、利用者は紙媒体出版物と同じようには電子出版物を利用・処分することはできないのであるが、アマゾンがアメリカでのサービスにおい

て提供している「貸出機能」のように、公衆送信と複製とを組み合わせて、貸与と同じような効果をもたらすしくみが導入されているケースもある。この貸出機能は、アマゾンが日本でも導入を検討しているようであるが、電子書籍1点につき1回限り、利用者が他の利用者の端末にデータを送信し、受信した利用者は2週間だけその電子書籍を読むことができるというものである。その一方で、送信した利用者側の端末にデータは記録されているものの、その間は再生できないようになっている。貸与は法的には有体物にのみ適用される概念であり、誰かが利用（占有）しているときには、他人は利用できないことが特徴であるが、アマゾンの貸出機能は、送信と複製にDRMによるコントロールを行うことによって、同様の効果をもたらしているのである。もっとも、出版者から配信事業者に対する「配信の許諾」は、配信事業者がその利用者に対し公衆送信を行うことのみを許諾するのであり、利用者からその他の利用者に対する送信や複製をその内容として含むものではない。したがって、配信事業者のこのようなサービスについて、著作権者および出版者が許容するのであれば、そのような利用に関しての許諾および再許諾が必要となる。

〉第3節　許諾の客体

〉〉1　何を許諾対象とするのか

　以下の考察においては、出版者から配信事業者に対してサブライセンスを行う必要がある場合を想定する。このような場合には、通常著作物に着目して著作物に関する著作者から出版者への許諾、および出版者から配信事業者への再許諾という説明がなされる。

　しかしこの説明は、著作物に着目する限りはそのとおりであるが、出版者と配信事業者との配信契約においては、それ以外の要素が存在することに注意しなければならない。現在行われている配信契約の多くは、出版者から配信事業者への許諾契約の客体を、「電子書籍」「電子書籍コンテンツ」または「電子書籍ファイル」といったように規定している。これは、実際にコンテンツとして市場で流通している「単位」が、著作物ではなく出版物であることを意味する。配信契約は流通に関する契約であり、流通「単位」に応じて契約が行われるのは当然のことである。

　出版物にはさまざまな種類がある。本といった場合によく想定される小説作品、特に長編作品の単行本の場合、出版物の中味は単一の著作物となる。一人の著作者の一つの著作物が一つの出版物となって流通しているのである。しかし、多くの出版物は単一の著作物で構成されているわけではない。文庫本に解説があれば、当然それは異なる著作者による別の著作物である。年表や注釈を出版者（の編集者）が付した場合は、そこに出版者の著作権が存在することになる。また、文中で歌詞を使用していた場合も同じである。写真を写真エージェントから借りて掲載することも多い。実用書や専門書であれば、何人もの異なる著作者による文章や論文によって構成されていることも多い。

　紙媒体出版において、流通単位が出版物であって著作物ではないことは、

特に意識されてはこなかった。流通しているのは紙の束としての出版物であり、法的には出版物所有権の売買または貸与という形で流通しているからである。書籍販売の場合、出版者は取次や書店に対して、著作物の著作権についてライセンスを行う必要はなかった。前述のとおり、取次に出荷された段階で譲渡権が消尽し、著作者の著作権が流通をコントロールすることはなくなるからである。しかし、電子出版では譲渡ではなく、公衆送信によって利用者に届くため、著作者の著作権が流通をコントロールする要素となることから、流通単位が何なのかが問題となるのである。

　電子出版は、紙媒体出版のように形がないため、流通単位の自由度は格段に上がる（環境によっては制約を受けることもある。従来の携帯電話での配信においては、キャリアによって異なっていたものの1ファイルあたりのファイルサイズに上限があったため、漫画のように画像ファイル中心のものでは、紙のコミックスでは1冊として流通していたものが、10ファイルほどに分割されて配信されている）。多くの本は100〜500頁ほどであるが、この紙媒体出版物ゆえの制約は、電子出版物では存在しない。それだけでは1冊の本になりにくい数十頁程度の分量でも、一つの電子出版物として配信可能であり、逆に分量が多く分冊で刊行されるものでも同じである。しかし、これは出版者の編集の自由度が上がるだけで、流通単位が常に著作物単位となるわけではない。

　したがって、電子出版においては、出版者から配信事業者への許諾単位は、出版者が流通単位として設定した電子出版物単位で行われることになる、と考えることになる。

〉〉 2　データの取扱い

　許諾が電子出版物単位で行われるということは、配信事業者が利用者に対する配信を行う際に、その電子出版物に係る権利がすべて配信可能な状態となるように処理されていなければならない。そしてその電子出版物自体を取引の対象として認識できるよう特定する必要がある。

紙媒体出版物は1個の有体物なのでこのような問題は生じない。また著作物は無形のものではあるものの、法による定義がある。しかし電子出版物については現在それ自体に法的な権利があるわけではなく、定義規定があるわけではないため、配信契約で具体的に特定しなければならない。

電子出版物は通常、特定のフォーマットに従って記述されたデータファイルの形態を採る。利用者の端末にそのフォーマットに対応したビューワーが組み込まれていることにより、送信されてきたデータファイルはそのフォーマットの規定に従い、端末画面に表示される。したがって、電子出版物は、採用したフォーマット名およびデータファイル名によって特定されることになる。

》3　フォーマット

ここでフォーマットに関する問題について整理しておく。出版の「フォーマット」には、音楽や映像には存在しないやっかいな問題が存在していることにまず注意しなければならない。音楽や映像は基本的には時間軸に沿って一定のクオリティで音や絵の再生ができればよいのであり、新しい配信・再生用フォーマットができたとしても、マスターデータからの変換にそれほど大きな技術的困難はないと考えられる。出版のデジタル配信の形が、印刷物の版面をスキャンしたもの（国会図書館で閲覧できるデータはこのスタイルである）だけであるならば、絵という意味で映像と同様であるから、それほど問題は大きくない。

しかし、再生するハードウエアに応じて、文字や画像のレイアウトを変更することを想定すると問題は一挙に複雑になる。すでに電子書籍配信が行われている携帯電話においてもその表示サイズはまちまちであるし、KindleやiPad、各種スマートフォンもそれぞれその表示環境は異なっている。そうするとそれらのさまざまなハードウエアに対し一つの電子出版物を配信しようとしたとき、想定される選択肢は「各ハードの表示能力の違いを無視し

て、一定のサイズの画像として送信する」「各ハードの表示能力に合わせて専用データを作成して送信する」「共通データを配信し各ハードに搭載されたビューワーによってそれぞれに適した表示を行う」の三つとなる。第1の選択肢は電子書籍の魅力を大きく減ずる（印刷物原本に替えて閲覧保存用に利用するレベルであるならばよいが、利用者の拡大につながるような積極的な利活用を想定するものであるならば不満が残る）ものであり、電子出版の主流とはなりにくいであろう。第2の選択肢は、アマゾン等の配信事業者が採用しようとしているものであり、自社が展開する再生用端末の表示機能にあわせたフォーマットでの提供を出版者に求めるものである。第3の選択肢は、htmlで記述されたホームページと基本的に同じであり、レイアウト等の情報をもつタグを付けたテキスト、ということになる。htmlも、ePubも、タグ付きテキストの一種である。

　なお、フォーマットには必ずそれに対応するビューワーが必要である。ビューワーがなければ単なるデータであり読むことができない。現在（2014年10月時点）日本において電子出版用のフォーマットとして使用されているのは主に、バージョン3で日本語特有の表記方法がサポートされるようになった「ePub」であり、その他PDF、「XMDF」（シャープ）、「ドットブック」（ボイジャー）等が使用されている。「XMDF」と「ドットブック」はフォーマットの開発元が表示用のビューワーも開発しており、各種端末用のビューワーを提供している。また一方で、アマゾンのKindleは独自の表示用ビューワーを搭載しているようである。「ePub」はオープンなフォーマットであるため、大手配信事業者やソフトウェア会社が対応ビューワーを開発し公開している。

　電子出版物を提供する出版者の側から見れば、一つのフォーマットで電子出版物を制作しておけば、そのデータがどの配信事業者、どの端末でも再生可能な状況となることが望ましい。逆に、配信事業者や端末側から見れば、その配信事業者のみまたは端末のみ、もしくは先行販売の電子出版物があれ

ば、それが利用者に対するアピールとなるためさまざまな方法で囲い込もうとする志向が強い。この囲い込みの方法には、利用者への利便性供与（ダウンロードできる端末の拡大や再ダウンロード期間の延長等）という方法もあり、これらは DRM を付すことにより実現されるため、電子出版市場には、同一内容の電子出版物でありながら、配信事業者や端末ごとに異なるフォーマット、異なる DRM が付されたファイルが配信されることになるのである。

　電子出版市場の変化は激しく、配信事業者や端末も、紙の市場のように安定して存在しているとはいいがたい。そうすると、前述の第 2 の選択肢では、常に新たなファイルの制作作業が必要になるおそれがある。とはいえ、端末ごとにフォーマットや DRM が異なるため第 3 の選択肢もそのまま採ることはできない。したがって、その折衷的な方法として、出版者からは一つのフォーマットで電子出版物を配信事業者に提供し、配信事業者は自ら採用している表示用フォーマットにそれを変換し、必要な DRM を付すという方向にならざるを得ないと考えられる。実務もこの方向に進んでいくようである。

〉第4節　配信契約において留意すべき事項

〉〉1　利用規約との連動

　前掲第2節の法的構成の項でも検討したとおり、出版者は配信事業者に対して電子出版物の配信許諾を行うが、配信事業者が行う配信は利用者との間の利用規約によって定められる。したがって、出版者が配信許諾を行う場合には、相手方の配信事業者が利用者に対して提示している利用規約を確認し、当該利用規約に基づく利用が利用者に可能になるように、配信契約の内容を設定しなければならない。もちろん出版者が行う配信許諾の内容は、著作物に関しては著作権者から得ている再許諾権限の範囲内であることが必要である。

　逆に、配信事業者が提示している利用許諾の中で、著作権者からの再許諾権限の範囲外にある利用方法、または出版者が望まない利用方法がある場合には、配信契約において明示的に当該利用方法を掲げ、配信事業者への許諾の範囲外であることを規定する必要がある。配信事業者の配信権限は、あくまでも著作権者や出版者の許諾に基づくものであり、配信事業者が独自に利用者に対して利用規約により許諾しているとしても、出版者の許諾がなければ無権限の配信となる。配信事業者からの新たな配信モデルの提案については、電子出版市場を拡大していくために出版者も著作権者も前向きな検討が望まれるところであるが、最終的な決定権者は権利者にあることを、当事者は確認しておくべきである。

〉〉2　販売スタイルと価格決定権

　紙媒体出版物の多くは「定価販売」が行われている。これは、書籍、雑誌、新聞、レコード盤、音楽用CDおよび音楽用テープについて、メーカーである出版社、新聞社、レコード会社が最終小売価格を決定し、その価格で消費

者に売ることを小売店に守らせることができる再販制度が存在しているからである。出版社は再販契約を取次や書店と締結することによって、自らが決めた価格を「定価」と表示することができ、小売店である書店は値引き販売を行うことができない。

　しかし、本来小売事業者は、仕入れた商品をいくらで売るのかを自由に定めることができるのであり、その価格決定権を拘束するような行為は独占禁止法違反となる。つまり再販制度は独占禁止法の例外として認められて（独23条4項）いるのである。そして、適用除外の対象とされている上記品目は適用除外規定が制定された1953年（昭和28年）改正時に存在したものおよびその同等品に限定され、それ以外は認めないとするのが日本の公正取引委員会の立場であるため、電子出版物に再販制度の適用はないとされる。したがって、価格決定権は配信事業者にあるということになる。

　この結果、現行法および公正取引委員会の解釈を前提とすれば、出版者と配信事業者との間で、配信事業者の配信価格決定を拘束するような契約を行うことは、不公正な取引方法（独2条9項4号・19条）として課徴金納付命令（独20条の5）の対象となりうる。これは電子出版物配信を「商品」とした場合であるが、「役務」としても一般指定12項により排除命令の対象となりうると考えられる。なお、独占禁止法は、著作権法等の知的財産法による権利行使と認められる行為には適用しない（独21条）としているが、配信許諾は、著作権者が出版者に対し出版許諾をするか否かという話ではなく、市場での流通の話であって、競争秩序に影響を与える行為であると見られるため、適用除外の対象とはならないと解される。

　では、電子出版物の価格決定権は常に配信事業者にあるということになるのか。公正取引委員会の「流通・取引慣行に関する独占禁止法上の指針」において、「委託販売の場合であって、受託者は、受託商品の保管、代金回収等についての善良な管理者としての注意義務の範囲を超えて商品が滅失・毀損した場合や商品が売れ残った場合の危険負担を負うことはないなど、当該

取引が委託者の危険負担と計算において行われている場合」であって、実質的に見てメーカーが販売していると認められる場合には、通常違法とならない、とされている。この指針は、ビジネスリスクを負うところに価格決定権がある、という趣旨であり、妥当な考え方であろう。

　もっとも、配信サーバーや課金・決済システム、データの配信システムを第三者に委託できることはいうまでもなく、そのような場合に出版者に価格決定権があることに異論はないであると思われる。エージェントモデルはこのような考え方に基づくものであろう。エージェントモデルについては、それが直ちに独占禁止法上の問題を生じるとは考えられていない。米国のアップル社と大手出版社による電子書籍の価格引き上げ事件でも、出版者と配信事業者との関係における垂直的な価格拘束自体が問題とされたわけではない。しかし、電子出版物については、商品の滅失・毀損や売れ残りというリスクは考えられないのであり、上記指針との関係は不明である。リスクが実質的に存在しないのであれば、エージェントモデルが、再販制度の潜脱だとされる可能性もあるように思われる。

〉〉 3　希望利用価格と正味価格

　配信事業者と出版者との契約では、出版者から配信事業者に提供される価格すなわち出版者の取り分をどのように決定するのかが重要である。多くの配信契約では、出版者は配信事業者に対して示す電子出版物ごとの「希望利用価格」に対する一定割合、という形で規定される（以下、「正味価格」という）。このような規定では、配信事業者が価格を希望利用価格から値引きする場合であっても、その値引き分は配信事業者の負担となるが、両者が協働して行う一時的なキャンペーンでの値引き分は両者で負担することもある。

　一方、配信事業者の収入に対する一定の割合を出版者に分配する、という決め方も見られる。配信型電子出版のうち、複数の電子出版物を一括して提供するような場合は、月額固定料金に利用者数を乗じたものが配信事業者の

収入となるため、個別の電子出版物の希望利用価格に対する正味価格をベースとした配分はきわめて困難となる。せいぜい閲覧のリクエスト数に基づき比例配分する程度が実務上の限界であろう。

》 4 配信義務

　電子出版物は無体物であるから、紙媒体出版物のように陳列できる数が書店の面積に制限されるということはない。それでは、出版者が配信を求める電子出版物は、すべて配信事業者にとって配信義務がある（販売サイト上でアクセス可能とし、利用者からのリクエストを受けることができる状態にする義務がある）ということになるのか。結論としては一般的な義務はないということになるだろう。独立した事業者である以上、配信する電子出版物を取捨選択できる自由はあるといわざるを得ない。特に、電子出版物の内容が違法と評価されるようなものであった場合、配信事業者はその頒布に重要な役割を果たしていることになるから、違法であると認識した以降も配信を継続することは配信事業者も責任を問われる可能性がある。

　しかし、著作権者および出版者の側から見たとき、その出版物を世に問うかどうかは、著作権者および出版者の権利である（憲21条1項）。電子出版も出版である以上、電子出版の自由は保障されなければならない。したがって配信事業者が配信を拒絶できるとしても、それは客観的かつ合理的であり表現の自由を過度に制約しない基準に基づいて判断されるものでなければならない。逆にいえば、配信事業者が事前に示す合理的な基準を満たしている限り、配信事業者は配信する（サーバーに送信可能な状態として置く）義務があると考えるべきであろう。

》 5 保証条項

　配信義務が配信事業者にあると考えるのであれば、配信事業者は出版者との関係では、電子出版物に関して生じうる問題について一定の範囲で免責さ

れる必要がある。上記出版の自由は、当然著作者および出版者が出版の責任を負うことによって保障されるのであり、配信事業者が負うべき問題ではないだろう。問題は、何をどの程度まで保証すべきか、ということである。

　配信事業者から提示されるドラフトでよく使われる文言は「誹謗、中傷、わいせつ、第三者の名誉毀損、または法令に反した表現を含まず、そのおそれがないこと」や「公序良俗に反しないこと」といったものである。しかし、たとえばジャーナリズム的表現は多くの場合対象の社会的評価を下げる内容を含むものである。わが国の場合、そのような表現は公共性、公益目的性および真実性（真実相当性）を立証できなければ違法であると評価される。このハードルは相当に高いものであり、上記文言をそのままあてはめれば、ジャーナリズム的表現はその多くが配信できないということになりかねない。

　また、文芸の分野における作品には性描写を含むものが多い。映像の場合は、映倫、ビデ倫などの自主審査機関によるレイティングが全面的に行われているが、出版は一部の雑誌、コミックスについて、成人向けか否かという区別を発行元で自主的につけているにとどまる。このような状況で、「わいせつ」や「公序良俗に反する」といった抽象的かつ法的評価を含む文言は、当事者間でその解釈に食い違いを生じる可能性が高くなることに注意しなければならない。

　もちろん、名誉毀損表現やわいせつ表現が無条件に許容されるべきではないが、電子出版の市場が今後も拡大していくのであれば、紙媒体出版と同程度の表現の自由が保障される必要がある。配信による電子出版物の流通は、大手の事業者による寡占化が進む方向にあるが、事業者が恣意的に表現内容に着目して配信を拒絶できるとしてしまうと、検閲と同じような効果が生じかねない。配信事業者は、自己の配信において適用する客観的に合理的で表現の自由を過度に制約しない基準を、事前に公開すべきであり、出版者は、その基準を満たすことのみを保証すれば足りるとすべきである（132頁参照）。

6　契約終了後の処理（再ダウンロードの問題）

　配信に関する契約は、電子出版物ファイルの配信許諾をその内容とするものであり、契約が終了すれば配信事業者は一切の配信行為を行うことができない。

　しかし、配信事業者は、利用者の利便性のためにダウンロード販売時に再ダウンロード期間を設定している場合が多い。もともと再ダウンロードとは、通信環境が貧弱だった時代に、通信が途切れるといった事情でダウンロードが完了できなかったときのためのサービスであったが、今では別の目的で設定されている。すなわち、利用者が手元のファイルを毀損した（ファイル自体の毀損や端末の損壊・紛失等）ときのバックアップのため、複数端末を同時に利用できる場合にそれぞれの端末にダウンロードするため、端末を買い替えたときのため、といったケースを想定して設定されているのである。

　このようなサービスは、紙媒体出版物では行い得ないものであり、電子出版物の利点である。したがって、電子出版物の利用を促進していくためには、著作者、出版者および配信事業者はいずれも、ある程度はこのようなサービスを拡充していく必要がある。しかし、その一方でサービスが無制限に拡張していくことは、著作者、出版者の権利・利益を損なう可能性があることに注意しなければならない。

　出版者と著作者との契約が終了すると、出版者はその電子出版物については無権利となり、当然に配信事業者に許諾されていた送信可能化権も消滅する。仮に再ダウンロード期間が無期限だとすると、契約終了後利用者からダウンロードリクエストがあった場合、権利許諾なく送信が行われることになる。この問題を回避するためには、契約終了後も再ダウンロードに限っては許諾する、という合意を著作者と出版者との間の出版契約、出版者と配信事業者との間の配信契約にいれておく必要がある（43頁、65頁参照）。

　しかし、権利処理の問題としてはそれで解決できるとしても、それ以外に

も問題はある。再ダウンロードは一度「販売」が行われた電子出版物についてのサービスであるから、著作者や出版者に経済的なデメリットはないようにも思われる。だが、このようなサービスは、利用者のID単位で付与されるものであり、IDの属人性はどのくらい厳密に維持されるのか、IDの主が法人であったらどうか、ということを詰めていくと、経済的なデメリットはないといい切れるのか疑問がある。

さらに考えなければならないのは、この無期限再ダウンロードを認めるモデルは、もはや純粋なダウンロードモデルではない、ということである。便宜的にデータのダウンロードが行われるだけであって、実質的にはデータや購入履歴がサーバー上にある閲覧モデル、クラウドモデルとでもいうべきモデルであろう。現在配信事業において、ダウンロードモデルは物の販売モデルと同様に単品価格で提供されるのに対し、閲覧モデルは閲覧可能期間に比例して利用料が発生する、というケースが主流のように思われる。そのように考えると、この問題は再ダウンロードの期間や範囲の問題ではなく、本来電子書籍をどのようなモデルで提供し、その対価の決め方はどのようなものが妥当なのか、という問題となるのである。

第5節　配信契約サンプル

1　意　義

　以下に掲げる資料は、2011年11月14日に、書協において「電子書籍配信事業者との契約等についての研修会」において配布されたもの（一部改変している）である。出版者が電子出版物の配信契約を結ぶ際に、どのような内容を記載し、またどのような点に注意をする必要があるのか、ということについて考えるための資料として作成されたものであり、具体的なイメージをもちやすいように一つのまとまった契約書のスタイルをとっているが、このまま「ヒナ型」として使えるものとして作成されたものではないことに注意されたい。配信契約は電子出版物の配信モデル（ビジネスモデル）によってその内容は変わりうるからである。しかし出版者が「版元」として留意しなければならないポイントが大きく変化するわけではなく、以下の試案で指摘するポイントを押さえていけば対応可能であろう。

2　逐条解説

電子出版物配信に関する基本契約書

　＿＿＿（出版者）（以下「甲」という）と＿＿＿（配信事業者）（以下「乙」という）とは、甲の電子出版物ファイルを乙が利用者に配信し提供するサービスの実施に関して、次の通り契約を締結する。

出版者→配信事業者→利用者という形を想定して書かれたものである。

第1条（定義）

本契約における用語の定義は、次に掲げるとおりとする。
(1)電子出版物ファイル
　電子出版物ファイルとは、甲が著作物等を編集・加工し、デジタルネットワークを通じて配信可能な形態にしたものをいう。書名、著作者名、あらすじ、表紙等の画像及び配信に必要な情報を含む。
(2)対応デバイス
　対応デバイスとは、電子書籍リーダー、パーソナルコンピュータ、スマートフォン、iOS、AndroidOS、WindowsOS などを搭載したその他端末等、乙が認める特定のデバイスをいう。
(3)指定デバイス
　指定デバイスとは、対応デバイスであってかつユーザーがその使用の正当な権利を有するものとして、利用者が乙所定の方法で登録した一つまたは複数のデバイスをいう。
(4)利用者
　利用者とは、乙が別途定める利用規約に同意のうえ乙が提供するサービス（以下「本サービス」という）を利用する個人もしくは法人をいう。

　定義規定である。「電子出版物ファイル」は、既存の配信契約では「コンテンツ」等と表記されているものに該当する。ただ「コンテンツ」では著作物と混同されるおそれもあり、出版者が制作する「(最小)取引単位」という意味を明確にするために、この言葉を使用した。なお、この「電子出版物ファイル」は書協ヒナ型出版契約書で定義している「出版データ」に含まれるものである。

第2条（配信の許諾）
1．甲は乙に対し、乙が電子出版物ファイルを以下に規定する方式で非

独占的に利用者に配信することを許諾するものとする。
　⑴利用者が管理する指定デバイスに対し、電子出版物をダウンロードする方式（以下「ダウンロード型」という）
　⑵電子出版物ファイルを、乙が管理するサーバーに格納し、利用者が当該サーバーにアクセスすることにより、インターネットブラウザもしくは閲覧用ソフトウェアを通して閲覧する方式（以下「閲覧型」という）
２．甲は、利用者による電子出版物ファイルの利用について、以下の制限を課す。
　⑴同一電子出版物ファイルの再ダウンロードを、利用者による購入後１年以内とする。
　⑵指定デバイスは、一人の利用者につき同時に３台までとする。
　⑶電子出版物ファイルのプリントアウトは行えない。
３．電子出版物ファイルの権利保護を目的として、乙は電子出版物ファイルの配信に際し、不正アクセス防止措置及び不正コピー防止措置を講じなければならない。なお、これらの措置はその時点での技術水準を前提として一般的・合理的に期待される水準を下回ってはならず、かつ前項の制限を可能な限り反映するものでなければならない。
４．乙は、甲の書面による承諾を得て、甲以外の者が提供する電子出版物ファイルとともに、電子出版物ファイルを一括して利用者に提供することができる。
５．電子出版物ファイルの乙への提供は、当該ファイル及びそれに係わる著作権等の一切の権利の乙への譲渡を意味するものではない。

　出版者から配信事業者への配信許諾内容を定めるものである。電子出版物に含まれる著作物について見れば、著作権者から出版者へ公衆送信が許諾され、出版者から配信事業者に対して再許諾されることになるが、配信事業の

流通単位は著作物単位ではなく出版物単位である。このため、許諾対象が「電子出版物ファイル」であることを明記した。配信契約とは、電子出版物ファイルを非独占的に利用者に配信することをいう。

1項ではさらに配信方式を2種類規定した。「ダウンロード型」と「閲覧型」とは、利用者の端末（デバイス）に、電子出版物ファイルのコピーが保存される場合と保存されない場合とに対応する。音楽配信の「ダウンロード」と「ストリーミング」の関係に近い。ただ、「クラウド」対応が一般化してくれば、端末にコピーが保存されるのかどうかで区別する実益はなくなっていくと考えられる。配信契約上で分けることが意味をもつのは、利用料の支払いと連動する場合である。何を根拠として利用料が計算されるのかが明らかにされる必要があるからである。

2項は、「電子出版物ファイル」に付随する制限について規定している。電子出版物ファイルは単なるコンピュータファイルであるから、何の制限もしなければ、複製（プリントアウトを含む）も送信も自由に行うことができる。この自由度が高ければ高いほど、利用者の利便性は高まるが、著作権者や出版者の権利・利益は損なわれる可能性がある。したがって何らかの制限を付すことにより、利用者の利便性と権利者側の権利・利益とのバランスをとらなければならない。なお、配信事業者は通常利用者により多くの利便性を付与することを志向するので、出版者は著作権者の意思もくみながら、妥当と思われる制限内容を提示する必要がある。本試案で提示した(1)ないし(3)の制限は、一般社団法人日本電子書籍出版者協会（EBPAJ）が運営する電子書籍配信サービスである「電子文庫パブリ」で採用されているものである。当然のことながら、この制限の範囲内での利用は、出版契約で著作権者が許容する範囲になければならない。また、配信事業者が利用者に提示する「利用約款」の内容も本試案の制限を超えることはできない。再ダウンロードを制限なく認めるのであれば、(1)や(2)の制限は行わないことになる。

3項は、2項による制限等を具体化するために、DRMを実装することを

配信事業者の義務とした条項となる。DRMの内容は、出版者から配信事業者に対して課した利用者の利用範囲制限を具体化するものである以上、配信事業者ごとに異なるものとなる。また対応デバイスも配信事業者ごとに異なるものとなることが想定されるため、DRMを付すのは出版者ではなく、配信事業者の義務であるとしたのである。なお、DRMは容易に無効化できるものでは意味がないため、常に一定水準以上の堅牢性を有するものである必要がある。このため、その技術水準の下限を規定した。

4項は、主に閲覧型での利用で、許諾対象の出版物が他の出版物をセットとなって利用者に提供されるケースを想定したものである。

5項は、電子出版物ファイルが、出版者の権利の対象であることに鑑み、配信事業者のサーバーに記録され、DRMを付されたり、配信事業者の配信用フォーマットに変換されたりして、出版者が提供したファイルが加工されたとしても、その元のファイルに係る権利が譲渡されるものではないことを、確認的に記載したものである。

第3条（電子出版物ファイルの提供方法等）

1．甲は、電子出版物ファイルの提供にあたり、当該電子出版物ファイルの甲が定める希望利用価格、配信の始期（あれば終期）、乙への提供フォーマット、対応デバイス、及び最低販売保証金等（以下「配信条件」という）を定める。なお甲は随時任意に希望利用価格、配信の終期等を変更することができる。

2．甲および乙は、電子出版物ファイルの乙への提供に必要な事項を、両者協議のうえ別途取り決めるものとする。

3．乙は、甲から提供された電子出版物ファイルにつき、善良な管理者の注意をもってデータの漏洩等が起きないよう管理しなければならない。

4．乙は、本サービスの実施にあたり、各デバイス向けの配信において

> 必要がある場合、その必要最小限の範囲において電子出版物ファイルのフォーマット変換等を行うことができるものとする。これらの加工は当該電子出版物ファイルの同一性を損なうものではなく、加工後のファイルも同じ電子出版物ファイルとして扱われるものとする。

　本条では、電子出版物ファイルの提供方法を示した。
　１項では、出版者が各配信条件を設定できるものとしている。希望利用価格（「転売類似モデル」を前提とした表記である）、配信開始および終了の時期を出版者が決定することができることは当然であり、前述の検討どおり、配信事業者への提供フォーマットも出版者に決定権があるとすべきであろう。４項で想定されているように、配信事業者は提供を受けたフォーマットによる電子出版物ファイルを、自己の配信用フォーマットに変換することになるが、その変換の手間を考慮し、配信事業者が提供フォーマットとして推奨するものとそれ以外のものとで、対価の算定方法に差をつけるケースがあるようである。非推奨フォーマットの場合は対価の算定料率を下げ、その分を変換費用にあてようということであろう。しかし、フォーマット変換は固定費であり、通常決して多額になるものではないため、配信事業者から出版者への配分料率に差をつけるという方法は、長期的に見れば出版者にとって不利益となる可能性がある。どのような配信フォーマットを採用するのかは、配信事業者が任意に定めるものであり、そのフォーマットへの変換費用は、配信事業者側で負担されるべきものであろう。対応デバイスの指定も重要である。デバイスによって利用者がどのような利用を行えるのか異なるためである。
　また、出版者は電子出版物が「販売」された分、その都度配分を受けることになるが、ある程度売れることが想定され、配信事業者にとっても集客効果がある電子出版物の場合は、「最低販売保証金」を配信事業者が事前に支払うということもありうる。
　本試案は、基本契約書のスタイルを採っているが、本項で定める内容は、

電子出版物ごとの個別契約としての意味をもち、本項の条件を配信事業者が合意して受領したときに個別契約が成立するということになろう。

2項で想定しているのは、具体的な電子出版物ファイルの受け渡し方法である。受け渡し対象は、電子出版物ファイル本体および1項の条件や書誌情報を記載したファイルとなると考えられるが、媒体に記録したものを交付するのか、配信事業者のサーバーにアップロードするのか、といったことを協議して決定しておく必要がある。決定事項は、契約書内に書き込むか、別途覚書とするか、どちらでも問題はないが、書面化はしておくべきであろう。

3項は、出版者が提供した電子出版物ファイルの管理責任を規定している。電子出版物ファイルは、配信事業者に提供される段階ではDRMが付されておらず、流出してしまうと深刻な権利侵害を引き起こすおそれがあるため、配信事業者の善管注意義務を規定している。

4項は、配信事業者が、出版者が提供した電子出版物ファイルを、配信用フォーマットに変換したり、DRMを付したりできることを規定している。そのうえで、そのような加工は電子出版物ファイルの同一性を損なうものではないことを確認している。実際にも本試案で想定しているフォーマット変換やDRMの付与は、電子出版物の内容を変化させるものではない。

第4条（甲による利用価格の決定）

1．甲は、前条の電子出版物ファイルの提供にあたり、前条第1項の希望利用価格に代えて利用価格を指示することができる。その場合、乙は利用者に対し指示された利用価格をもって当該電子出版物ファイルを提供しなければならない。

2．前項の場合、乙は利用者に対し、当該電子出版物ファイルは甲より提供される旨を表示しなければならない。

本条は、出版者に価格決定権があるモデルである「委託販売類似モデル

（エージェントモデル）」を前提とした条項である。なお、3条は「転売類似モデル（ホールセールモデル）」を前提としている。本試案では、一つの契約書形式の中で説明する都合上、同一基本契約の中に両モデルが共存する形をとっているが、実際にはモデルごとに別契約となる。

2項は、販売の外観上も「委託販売」であることがわかるようにする趣旨である。たとえばアマゾンのKindleサイトでは、アマゾンが売主の場合と他の出版者が売主の場合とが併存しているが、売主が誰であるのか表記することにより、アマゾンによる販売なのか委託販売なのかが区別できるようになっている。もちろん前述のとおり、売主の表記を変えればそれだけで「委託販売類似モデル」と評価されるわけではなく、全体として「委託者（出版者）の危険負担と計算」で販売が行われているかどうかが判断の材料とならざるを得ない。

第5条（乙による配信）
1．乙は、提供を受けた電子出版物ファイルを、配信条件に従い配信を行わなければならない。
2．第11条に定めた甲の保証に反する事実があると乙が合理的に判断する場合は、乙は速やかに甲に通知し、甲乙協議の上当該電子出版物ファイルの取扱を取り決めなければならない。

1項は、配信事業者に、出版者が提供した電子出版物を配信する義務を課したものである。これは無条件の配信義務ではなく、配信事業者が事前に提示する配信基準に合致している限り、配信義務を負うということである（本試案11条参照）。

2項は、配信事業者が配信基準を満たさないと合理的に判断できる場合の取り決めである。配信事業者が自らの判断のみで配信を停止できるということにすると、配信事業者ごとに利用者を囲い込んでいる（ある配信事業者の

端末をもつ利用者が別の配信事業者の端末ももっているとは限らない。むしろそのような利用者は少数派であろう）状況があるとすれば、配信停止の影響はかなり大きくなるため、事前通知および協議の機会を義務付けることが妥当だと考えられる。

第6条（対価および支払方法）

1．本契約に基づく配信許諾の対価は第4条の場合を除き次の通りとする。
  (1)電子出版物ファイル単位で提供される場合
    (a)ダウンロード型　　希望利用価格×○○％×当月のダウンロード数
    (b)閲覧型　希望利用価格×○○％×当月の利用者数
  (2)他の電子出版物ファイルとともに一括して提供される場合
    当月の利用料金総額×1/2×(1/一括して提供される電子出版物ファイル数＋本件電子出版物ファイルのダウンロード数または利用者数/一括して提供される電子出版物ファイルのダウンロード総数または利用者総数)×○○％
2．乙は、毎月当月に発生した前項の定めに基づく配信許諾の対価につき、その翌月末までに甲に対しダウンロード数、利用者数等の配信状況を報告し、その翌々月末日までに支払うものとする。
3．乙は、甲に対する支払額から、甲の責による利用者への返金、もしくは甲乙で合意した販売促進費用等を相殺することができる。
4．乙は、甲より申し出があった場合は、速やかに前二項に関する資料（アクセスログ、各種証憑等）の閲覧に応じなければならない。

転売類似モデルを前提とした場合の、配信事業者から出版者への許諾対価の支払いについて定めるものである。

《第2章》第5節　配信契約サンプル

　ここに定めた方式は一般的と考えられるものであり、もちろんそれ以外の決め方を書くことは差し支えない。ダウンロード型では、基本的に利用者の端末にファイルが記録され、ダウンロード後は配信事業者サイトにアクセスすることなく再生できる方式が一般的であり、紙媒体出版物の販売と類似するため、ダウンロード数に比例する許諾料の設定とした。閲覧型は、閲覧の都度配信事業者サイトにアクセスがあることになるため、利用者が支払う利用料は利用期間に比例する設定となっていることが一般的である。このため、出版者からの許諾料も、配信事業者の月額売上に比例するような設定とした。なお、アマゾンは、いったん電子出版物を購入した利用者であれば、いつでも何度でもダウンロードできるシステムを導入することを表明している。電子出版物ファイルはダウンロードされ、利用者の端末に記録されるため、ダウンロード型と分類することができ、出版者との配信契約においても、希望利用価格およびダウンロード数に比例する許諾料が支払われる形になっている。しかし、いつでも何度でも、というところに着目すると、閲覧型と同じと見ることも可能であろう。そうであるならば、利用者の利用可能期間に応じた許諾料の支払いを求めることも、理屈としてはありうるように思われる。ここは電子出版物の利用者にとっての利便性が関係する問題であり、利用拡大は配信事業者、出版者、そして著作権者共通の関心事であろう。どのような設定が利便性と権利保護（権利への対価）のバランスとして適当なのか、今後の市場を見ながら慎重に吟味する必要がある。

　1項2号は、出版契約における、データベース（ライブラリ）としての利用を想定したものである。このような利用においては、電子出版物1点あたりの利用価格が存在しないため、どのようなロジックで分配するのかが問題となる。ここでは、データベース（ライブラリ）の価値は、どのような電子出版物が含まれているのか、というところにあると考え、利用料の半分はそこに登録されていることへの対価であるとみなし、残りの半分は実際の利用（アクセス）に応じて配分するとしてみた。もちろん登録に対する対価と利

用に対する対価の割合は1対1でなければならない必然性はない。また、個別の電子出版物にみなし希望利用価格を付けて、そのみなし価格に応じた配分を行うことも可能であろう。

2項は、許諾対価の支払日について定めている。ここでは毎月月末に締め切り、翌月末に報告、さらにその翌月末までに支払いとしている。この間隔をどう決めるのかは、市場が拡大するにつれて大きな意味をもつことになる。

3項は、配信事業者がトップオフできる費用を定めている。本条が規定する転売類似モデルにおいては、販売におけるリスクは原則として配信事業者が負うことになるため、トップオフできるのは出版者の責によるものか、両者の特別な合意によるものに限られるはずである。

4項は、配信状況等の証憑をいつでも閲覧請求できることを定めている。紙媒体出版物であれば、出版者からの出荷数は出版者自身が把握することができるため、このような条項の必要性は低いが、電子出版ではどれだけダウンロードがあったのか、どれだけ閲覧アクセスがあったのかということは配信事業者以外把握のしようがない。具体的にはログファイル等の提出を求めることになると思われるが、配信許諾は通常非独占的であるため、他の配信事業者との比較が可能である。利用者数に対するダウンロード数の比率が明らかに少ないような場合には、積極的に本項の権利を行使するような姿勢が求められることになる。

第7条（第4条の場合の支払方法）

1．第4条の場合の、乙の配信業務手数料は次の通りとする。

(a)ダウンロード型　　利用価格×○○％×当月のダウンロード数
(b)閲覧型　　利用価格×○○％×当月の利用者数

2．乙は、前項に係るダウンロード数、利用者数等の配信状況を、月ごとに締め切りその翌月までに甲に対し報告し、その翌々月末までに利用者から収受した利用料を、前項の手数料を差し引いて甲に支払うも

のとする。
3．乙は、甲に対する支払額から、利用者からの未回収金、利用者への返金、もしくは甲乙で合意した販売促進費用等を相殺することができる。
4．乙は、甲より申し出があった場合は、速やかに前二項に関する資料（アクセスログ、各種証憑等）の閲覧に応じなければならない。

　本条は、委託販売類似モデルにおける収入分配について定めている。委託である旨を示すため、「許諾の対価」ではなく「手数料」という言葉を使用した。
　2項の趣旨は、6条2項と同じである。
　3項も同様であるが、委託販売であり原則としてリスクは出版者が負うという考えから、配信事業者がトップオフできる費用は、利用者からの未収等、出版者の責によるものに限られないとした。もちろんこれと異なる合意をすることは可能である。
　4項も、6条4項と同じである。

第8条（電子出版ファイルの表示等）
　乙は、電子出版物ファイルを配信する際に、利用者に対して行う電子出版物ファイルの著作権者等表示等については、原則として甲から受領した情報に基づいて行うものとし、その内容、表記等について責任を負わない。利用者から電子出版物ファイルの瑕疵（内容の誤り、誤植、レイアウトの不具合、ファイルデータの破損等を含むがこれらに限られない）に関して問い合わせ、クレーム、苦情等があった場合、乙は甲にこれを通知するものとし、甲は甲単独の責任と費用においてその解決にあたるものとする。但しそれらの瑕疵が、乙の配信システム、不正アクセス防止措置もしくは不正コピー防止措置に関するものである場合は、乙が乙

単独の責任と費用において解決にあたるものとする。

　出版者が配信事業者に提供している電子出版物ファイルについての責任の所在を定めたものである。当然のことながら電子出版物ファイルは出版者が書誌情報等を含めて提供すべきものであり、その正確性は出版者が担保すべき旨を規定している。ただ、利用者からのクレームは通常配信事業者に対してよせられるため、配信事業者にその窓口としての機能をもたせ、出版者への通知義務を課した。利用者からクレームが寄せられるケースは、さまざまなものが想定されるが、それが、出版者が対応すべきものであるかどうかの判断は、配信事業者が行わざるを得ない。配信システムやDRMによる問題であるならば、それに対するサポートは配信事業者が配信を引き受けるにあたって当然負うべき付随的義務である。

第9条（販促的利用）
　甲は、電子出版物の宣伝、広告、利用者による購入促進等の目的で、乙が、特定の電子出版物ファイルにつき、利用者が無料で閲覧・ダウンロードできるようにその全部もしくは一部を本サービスで提供することを許諾する。対象となる電子出版物ファイル（作品、数、閲覧可能範囲等）等の諸条件については別途甲乙間で協議のうえ決定するものとする。

　電子出版物の「立ち読み」について定めたものである。アマゾンの「なか見検索」のように、画面に出版物の一部を表示するスタイルが一例であるが、電子出版物では、さまざまな方法をとることが可能である。長編作品をいくつかのファイルに分割し、一つ目を無料で提供するということも可能だろう。このため、詳細は別途協議事項とした。また、この利用は、当該電子出版物の販促のためであり、利用の対価は発生させないとするのが通例だと考えられる。

> 第10条（電子出版物ファイルの二次的利用等）
> 　乙は、甲の事前の許諾を得た上で、電子出版物ファイル（書名、著作者名、あらすじ、表紙等の画像を含むがこれらに限られない）の一部を、本件配信サービスの宣伝、広告、PR等に利用することができるものとする。対象となる電子出版物（作品、数、利用期間、閲覧可能範囲等）及び対価等の利用条件については別途甲乙間で協議のうえ決定するものとする。

　前条と異なり、本条での利用は、電子出版物の販促の側面だけでなく配信事業自体の宣伝の側面が加味されている場合を想定している。キラーコンテンツといえるような作品を特定の配信事業者が独占先行配信するようなケースである。このため、対価の発生を前提としたうえで、詳細を協議事項とした。

> 第11条（甲の保証）
> 1．甲は乙に対し、電子出版物ファイルに関して、その内容が諸法令に違反していないこと、乙が明示的に定める規制に反しないこと、および著作者、著作権者を含む第三者の権利を侵害するものでないことを保証する。
> 2．甲が乙に対し第2条で許諾する権利には、電子出版物ファイルに係わる著作権（複製権、公衆送信権その他現在存在するまたは本契約の有効期間中に発生する支分権を含む）、商標権、肖像権その他一切の権利のうち、本契約に基づき乙が利用者に提供するサービスの実施に必要な権利が含まれていることを保証する。
> 3．電子出版物ファイルに関して第三者との間で問題が発生した場合、甲は自己の責任と費用において当該問題を解決するものとする。但し、

> 当該問題が対応デバイス、乙の配信システムの不具合に起因する場合等、乙の責に帰すべき事由によるときは、乙が自己の責任で当該問題を解決するものとする。

　出版者による保証条項である。配信事業者は電子出版物の流通について非常に大きな役割を担っており、また出版物に著作物が含まれる場合は、その著作物の公衆送信権を出版者から再許諾されることにより行使していることになる。しかし、電子出版物の中味について、通常配信事業者がチェックをすることはなく、チェックすること自体妥当とは思われない。また電子出版物が内包する権利関係についても、その都度、配信事業者が確認するのでは流通が大きく阻害される。いずれも、出版者において確認し、処理することが妥当であり、現実的である。このことを明らかにしたのが１項である。

　この保証条項において、「公序良俗に反しないこと」または「わいせつな表現がないこと」等といった書き方がされることがある。しかし、このような書き方は拡大解釈されるおそれがあり、十分注意する必要がある。配信事業者も独立した事業者であり、電子出版物を配信するか否かについての選択権はあるといわざるを得ない。しかし、その選択が恣意的になされるのであれば、出版者や著作者にとって電子出版物として流通可能なのかどうかという予測ができなくなる。また配信事業者の規模が大きく、市場で寡占状態になっていたりすれば、事実上出版の自由が制限されてしまうことも起こりうる。したがって、配信事業者が配信についての選択権をもつのであれば、事前にその選択権行使の基準を明示すべきであり、出版者はその基準に従っていることのみを保証すれば足りるとするべきであろう。

　２項は、電子出版物について、出版者がその電子出版物ファイルに内包されている諸権利をすべて「権利処理済み」としていることを保証する条項である。これが保証されなければ、配信事業者は別途自己の配信事業に必要な権利を原権利者から得なければならないということになる。出版者が負うべ

き当然の義務であるといえる。

3項は、電子出版物が第三者の権利を侵害した場合の責任の所在を明らかにしたものである。出版者が自らの企画で出版物を発行する以上、第三者との関係で責任を負うことは当然ともいえるが、配信事業者が付加するDRMの不具合等により、たとえば許諾範囲以上の利用が行われてしまったことによる問題の場合は、配信事業者がその責任を負うべきであろう。

第12条（免責事項）

乙は、サーバーダウン等システムの運営上やむを得ないと客観的・合理的に認められる事由が生じた場合、即時、本サービスの実施を一時的に中断し、または電子出版物ファイルに対する利用者のアクセスを制限することができるものとし、これにより甲が被った損害に関し、何らの責任も負わないものとする。但し、これらの事由が、乙の故意または重過失によるものである場合にはその限りではない。

システムトラブルの場合、配信事業者はその間の出版者の逸失利益等の損害を原則として負担しないとするものである。「客観的・合理的に認められる事由」とは、配信事業者の判断が常に免責されるとは限らないという意味であり、サービスの中断以外の選択肢をとることが困難な状況が存在しなければならない。またそのような状況を招いた原因が、容易に防ぐことができた配信事業者の不注意である場合も免責されない。

第13条（秘密保持）

1. 甲および乙は、本契約に基づき知り得た相手方の技術上、業務上の情報の秘密を保持し、相手方の事前の書面による承諾なしに第三者に開示、漏洩しないものとする。但し、以下の各号に該当するものはこの限りではない。

(1) 相手方より知得する以前に、すでに自己が保有していたもの
(2) 相手方より知得する以前に、すでに公知となっているもの
(3) 相手方より知得した後、自己の責によらずに公知となったもの
(4) 正当な権限を有する第三者より、秘密保持義務を負わずに入手したもの
(5) 相手方の情報とは無関係に、独自に開発・取得したもの

2．甲および乙は、本契約有効期間中のみならず本契約終了後3年間、事前の書面による相手方の承諾を得ることなく、相手方の秘密情報をいかなる第三者に対しても開示または漏洩しないものとする。ただし、本条第4項および第5項の場合には、かかる規定に従う。

3．甲および乙は、本条に定める秘密保持義務を遵守するため、善良なる管理者の注意をもって相手方の秘密情報を管理するものとする。なお、甲および乙は、自己の役員または従業員の秘密保持義務遵守について、相手方に対し全責任を負う。

4．甲および乙は、相手方の秘密情報を、当該相手方の秘密情報を知る必要のある自己の役員および従業員のみに開示することができるものとし、当該役員および従業員に対して本条に定める秘密保持義務を遵守させるものとする。

5．甲および乙は、本契約に関連する業務を第三者に委託する場合、相手方の秘密情報を、当該委託先が委託業務を行うのに必要な最小限の範囲内で、相手方の事前の承諾がある場合に限り、開示することができるものとし、当該委託先に対して本条に定める秘密保持義務を遵守させるものとする。

6．甲および乙は、事前の書面による相手方の承諾を得ることなく、相手方の秘密情報を本契約の履行以外の目的で一切使用してはならないものとする。

一般的な秘密保持条項である。ただ、配信契約において秘密保持が求められるのは、取引条件や新企画情報といったところであろう。秘密保持義務をどの程度規定するのかは、想定される秘密によるが、配信契約であればこの程度でよいように思われる。

第14条（権利義務の譲渡）

甲および乙は、相手方の事前の書面による承諾なしに、本契約より生じる一切の債権および債務を第三者に譲渡、承継または担保に供してはならない。

債権者、債務者を固定する条項である。配信事業者、出版者とも、組織変更（合併や会社分割等）が想定される場合は、契約において、その範囲内での包括的な承諾を求めておくほうがよいであろう。

第15条（解除）

1．甲および乙は、相手方が次の各号の一に該当する場合には、何らの催告その他の手続を要することなしに、直ちに本契約を解除することができる。
　(1)支払い停止状態に陥った場合または財産状態が悪化してその虞があると認められる相当な理由がある場合
　(2)手形交換所の取引停止処分を受けた場合
　(3)差押、仮差押、仮処分、競売、租税滞納処分の申し立てを受けた場合
　(4)破産手続開始、民事再生手続開始、会社更生手続開始もしくは特別清算開始の申し立てを受け、または自ら申し立てをした場合
　(5)解散、営業もしくは事業の全部または重要な一部の譲渡、自らが消滅会社となる合併を決議したとき

(6)監督官庁から営業の取消または停止等の処分を受けた場合
(7)反社会的勢力であると判明した場合または不当な要求を行った場合
(8)その他本契約を継続し難い重大な背信行為があった場合
2．甲および乙は、相手方が本契約の各条項の一に違反した場合には相当期間を定めてその是正を催告し、その期間内に当該違反が是正されなかったときには、本契約の全部または一部を解除することができる。
3．甲および乙は、相手方が本契約に違反することにより損害を被った場合もしくは本条に基づきまたは本契約の全部または一部の解除をなすことにより損害を被った場合には、その損害の賠償を相手方に請求することができる。

契約解除に関する条項である。解除とは、当事者間の合意によらず、一方当事者の意思表示のみで契約関係を解消する行為である。2項は、履行遅滞による解除（民541条）、3項は、解除時の損害賠償請求（民545条3項）と同趣旨であり、法の原則どおりの内容である。1項は、催告せず解除できる場合を定めるものであり、本試案では、契約上の義務が履行できなくなる場合を列挙しているため、有効に合意できると考えられる。

第16条（契約終了時等の措置）

1．乙は、第5条2項、前条の規定または契約期間満了により、本契約が終了した場合には、直ちに甲の全電子出版物ファイルの配信を中止しなければならない。但し個々の電子出版物ファイルの再ダウンロード期間に限っては、当該利用者に対してのみ配信を行うことができる。
2．前項または個別契約の定めもしくは甲の指示により、電子出版物ファイルの配信が中止される場合、乙は配信中止後または再ダウンロード期間経過後、速やかに当該ファイルをサーバーから削除しなければ

> ならない。

　配信事業者は、本契約により電子出版物ファイルの配信を許諾されているのであり、契約が終了すれば当然一切の配信行為を行うことはできない。しかし、利用規約において一定期間の再ダウンロードを利用者に認めている場合は、その期間内に配信可能な権限を得ておく必要がある。1項で定めているのはこの趣旨である。

　2項は、ファイルの取扱いについて定めている。配信用のファイルも含めて、電子出版物ファイルについての権利は出版者に留保されており、契約が終了した後は、いかなる権限も配信事業者には存在しないのであるから、不要なファイル流出の危険を防ぐためにも、出版者の権利を保全するためにも、配信事業者にファイルの削除を義務付けるものである。

第17条（有効期間）

1．本契約の有効期間は、平成○○年○○月○○日から平成○○年○○月○○日までとする。但し、期間満了1ヶ月前までに甲乙いずれからもなんらの申し出がない場合は、さらに6ヶ月延長するものとし、以後も同様とする。

2．前項の規定にかかわらず、甲および乙は1ヶ月前に相手方に通知することにより本契約を将来に向かって解約することができる。

3．第12条、第13条、第15条第3項、第18条、第19条および本条本項の規定は、本契約の終了後も有効に存続する。

　契約の有効期間を定める条項である。配信環境の変化は激しいことから、出版者の側から見れば、可能な限り短い期間で契約する方向が望ましい。

第18条（管轄裁判所）

> 本契約に関して生ずる紛争については、東京地方裁判所を第1審の専属的合意管轄裁判所とするものとする。

法的紛争が生じた場合、どこの裁判所がその事件を取り扱うのかを定めるルールが「管轄」である。管轄は、紛争の規模、契約の性質、当事者の所在地等の要素により民事訴訟法によって定められるが、第1審に限っては当事者間の合意による管轄が認められている。遠方の裁判所に出かけることは一般に不利益なことであるため、たとえば関西地区の出版者ならば、大阪地裁を合意管轄裁判所とする、という要望を出したほうがよいであろう。

第19条（準拠法）
> 本契約に関する準拠法は日本国法とするものとする。

海外の配信事業者との間では、契約を解釈する法律をどちらの国のものとするのか問題となる。原則としては日本国法を準拠法と主張すべきであろう。

第20条（協議）
> 本契約に定めのない事項および本契約の各条項の解釈に疑義を生じた事項については、甲乙誠意をもって協議し、処理するものとする。

一般に誠実協議条項といわれるものである。

新しい出版権規定

第 3 章

第1節　出版者の権利と出版権規定

1　出版権の歴史

　著作権法において、著作物を世に伝達する役割を果たす者についてはさまざまな位置付けがなされている。音楽に関しては、実演家の権利やレコード製作者の権利として、映像に関しては、放送事業者の権利や有線放送事業者の権利として、著作隣接権としての位置付けが行われている。また、映画の著作物については一定の場合に映画の製作者に著作権が帰属するものとされている（法29条）。音楽を録音したり、映像を放送したり、映画を製作したり、といった事実行為によって、当然に著作権法に基づく権利が付与されることになっているのである。

　一方、出版者については、出版という事実行為に基づいて権利が付与されるという構成ではなく、著作権者による設定行為によって権利が付与されるということになっている。これらの取扱いの違いは、基本的に歴史的経緯に基づく。

　ヨーロッパにおける著作権の歴史は、印刷業者すなわち出版業者の利益保護重視の段階から、国王等が出版に対する特権を認める段階を経て、著作者の権利へ目を向ける段階へと進んでいったということができ、日本での歴史も基本的に同じ道筋を辿る。明治以降、出版や新聞の発行に関する条例が制定、改正され、出版に関していえば、1887年（明治20年）に出版統制を目的とした「出版条例」、版権保護関係を規定した「版権条例」が制定されるに至った。これらは1893年（明治26年）に「出版法」「版権法」と形を変えることになるが、「版権条例」「版権法」において、出版者は固有の権利者として扱われていた。

　この流れが大きく変化するのは、1886年（明治19年）のベルヌ条約の成立である。日本は、不平等条約改正のための最初の条約となる日英通商航海条

約に調印するにあたり、1899年（明治32年）までにベルヌ条約に加盟する義務を負うこととなったため、同条約の要求する水準を満たした国内法を整備しなければならなくなった。この結果同年に成立した旧著作権法は、現行法と同じく創作行為によって当然に著作者に著作権が生じるとする制度を採用し、版権条例、版権法にあった出版者の地位はなくなることとなった。

　大正期以降、出版者は出版者の権利獲得に向けての運動を行っていくことになるが、その背景にあったのは、出版者が資本や労力を投じて著作物を出版しても、その成功を見た他の出版者が著者の許諾（著者の二重契約となる）を得て同じ著作物を出版することにより、最初の出版者が損害を被ることになる、という状況だったといわれる。1926年（大正15年）から1931年（昭和6年）にかけて、「発行権法案」「出版権法案」という形で三度議会に法案が提出され、いずれも審議未了廃案となったが、その考え方はいずれも、出版契約締結時に出版権（複製権が出版者に移転する）が発生し、契約関係終了まで出版権が存続するというものである。1933年（昭和8年）にも同様の法案が提出されたが、出版事業界を統制保護しようとするものであるという認識が強く存在し、文藝家協会が強い反対運動を行ったことにより、審議未了廃案となった。この時、政府からは次期議会に政府案を提出する用意がある旨が表明され、翌1934年（昭和9年）の著作権法改正の中に、出版契約を規律する規定として、出版権規定を新たに盛り込んで成立させた。規定の内容は、1971年（昭和46年）に施行された現行著作権法においてもほぼそのままで踏襲され、今回の改正まで実に80年間存続してきた規定となる。[1]

〉〉2　出版者の権利をめぐる議論

　上述のような出版権についての議論が行われていた時代は、著作物の伝達手段は、出版（新聞を含む）が代表的なものであった。その後、レコード、

1　本項全体について『著作権法100年史』（著作権情報センター、2000）

《第3章》第1節　出版者の権利と出版権規定

放送といった事業が技術革新もあって拡大していくときに、レコード製作者や放送事業者には、著作物の伝達に重要な役割を果たしているという評価から、著作隣接権者として固有の権利を付与していくという制度が採用された。出版者も、著作物の伝達に重要な役割を果たしているという点は全く同じであり、同様な制度を採用しようという動きもあったが、出版権規定という保護制度が存在していたこともあり、隣接権制度の対象とはならなかった。

　しかし、出版権制度では出版者の保護として十分といえない状況が生じる。複写機の普及により、書籍や雑誌からのコピーが容易になることによって、出版物の売れ行きに影響が生じてきたのである。出版権は「頒布を目的」とするものであり、特定少数に向けたコピー行為は、出版権の侵害とはならないため、この問題をカバーする方策が求められたのである。この問題を審議した著作権審議会第8小委員会は、1990年（平成2年）6月に報告書（出版者の保護関係）を公表し、その中で出版者の権利の性格を「出版行為により著作物の伝達上果たしている役割の重要性を評価して、技術的進歩等に対応して新たに出版者の保護を図るものであって、実演家、レコード製作者の保護と同様に著作隣接権制度の中に位置付け得るものであること。容易に複製されることに対して、出版活動の安定性を確保できるようにするための権利である」とし、結論としては「出版者に固有の権利を著作権法上認めて保護することが必要であるとの意見が大勢を占めた」というものであったが、その後日本経済団体連合会等の反対を受け、結果として法制化には至らなかった。発端となった書籍や雑誌からのコピー問題については、翌1991年（平成3年）に日本複写権センター（現公益社団法人日本複製権センター（JRRC））が設立されるなど、複製使用料を徴収し配分するシステムが構築されたことにより一定の解決を見ている。

　その後、2003年（平成15年）に政府の知的財産の創造、保護及び活用に関する推進計画において「出版物の複製に係る出版社の報酬請求権の是非について……関係者間協議の結論を得て、2004年度以降必要に応じ著作権法の改

正案を国会に提出する」とされるなど、いくつか検討の動きがあったが、いずれも具体化には至っていない。

　この問題が再び浮上してきたのは、2009年（平成21年）2月のグーグル・ブックサーチ和解案法定通知（和解案の告知広告が日本でも主要紙に掲載された）、同年5月、国会図書館資料デジタル化予算に例年の100倍規模となる127億円が計上され1968年（昭和43年）までに刊行された書籍および2000年（平成12年）までに刊行された雑誌がデジタル化されることになったこと、といった動きが顕在化することにより、出版物の中味が容易に紙からデジタルに移し替えられる状況が明らかになったことによる。このような動きを受けて、2010年（平成22年）3月に、総務省、経済産業省、文部科学省（文化庁）の3省合同による「デジタル・ネットワーク社会における出版物の利活用の推進に関する懇談会」が開催され、同年6月に報告書が公表された[2]。この報告に基づき、総務省や経済産業省でフォーマットや書誌データ等の環境整備に関する事業がいくつか行われたほか、文部科学省では「電子書籍の流通と利用の円滑化に関する検討会議」が設置され、同年末から1年余り「デジタル・ネットワーク社会における図書館と公共サービスの在り方」等とともに「出版者への権利付与に関する事項」が議論された[3]。

　しかし、その後の議論がなかなか深まっていかないことに鑑み、上記3省懇談会の呼びかけ人の一人である、中川正春衆議院議員（3省懇談会設置時は文部科学省副大臣、後同省大臣）が中心となり、自民党および公明党の国会議員を含め、作家、出版社代表、有識者を加えた「出版文化・電子文化の基盤整備に関する勉強会（通称：中川勉強会）」が立ち上げられた。

　中川勉強会での議論は、読書振興策のあり方や日本語出版物の国際展開、著作者と出版者の権利の確立を推進していくための基本的な考え方、を課題

2　〈http://www.soumu.go.jp/main_content/000075191.pdf〉
3　〈http://www.bunka.go.jp/bunkashingikai/kondankaitou/denshishoseki/pdf/houkoku.pdf〉

として行われ、そのための法的整備の端緒として出版物に関する権利の法制化が必要であるとの判断が、2012年（平成24年）6月に示されるに至った。

3 平成26年改正まで

　その後、中川勉強会では、著作隣接権としての出版物に関する権利試案が作成されるに至ったが、この流れは2013年（平成25年）に入り変化することになる。同年2月に日本経済団体連合会が「電子出版権」の新設を求める提言を行い、また中川勉強会も、同年4月に中山信弘教授を中心としてまとめられた「出版者の権利のあり方に関する提言」を同勉強会の提言として採用するに至った。この中山教授らによる提言は、これまでの出版権制度を拡張し、電子出版にも出版権が及ぶよう法改正を行うことを内容とするものであり、大筋で今回の法改正と同様の考え方を提示するものであった。

　これらの動きを受けて、同年5月から、文化審議会著作権分科会の下に設置された「出版関連小委員会」における議論が開始された。同小委員会は、関連団体等へのヒアリングを経たうえで、「電子書籍に対応した出版権の整備」という方向で議論を進めていくこととし、同年12月に、電子書籍に対応した出版権を創設することを提言する内容の報告書をまとめ、公表した。同報告書では、電子書籍に対応した出版権を整備すれば、出版者が権利者として独占的に電子配信することができるようになるほか、出版者自らインターネット上の海賊版に対し差止請求することができるようになるため、わが国の電子書籍市場の健全な発展と出版文化の進展に寄与することになるとしている。この結論を受けて行われたのが今回の法改正である。

〉第2節　改正出版権規定

〉〉1　改正の概要

　今回の改正のうち、出版権に係る部分についての改正趣旨は「近年、デジタル化・ネットワーク化の進展に伴い、電子書籍が増加する一方、出版物が違法に複製され、インターネット上にアップロードされた海賊版被害が増加していることから、紙媒体による出版のみを対象としている現行の出版権制度を見直し、電子書籍に対応した出版権の整備を行う[4]」というものである。

　見直しのポイントは、以下の3つとなる。

① 出版権の設定（法79条関係）　著作権者は、従来の紙媒体出版だけでなく、パッケージ型電子出版や配信型電子出版を行う者に対しても出版権の設定を行うことができるとすること。

② 出版権の内容（法80条関係）　出版権者は、契約内容に応じて、紙媒体についての複製権に加えて、パッケージ型電子出版物としての複製権、配信型電子出版での公衆送信権の全部または一部を専有すること。

③ 出版の義務・消滅請求（法81条・84条関連）　出版権者は、設定された出版権の内容に応じて、専有している権利に基づく紙媒体出版や電子出版を、一定期間内に行う義務（出版義務）、いったん開始した出版を慣行に従い継続して行う義務（継続出版義務）を負うこと、および出版権者がこれらの義務に違反した場合には、義務違反のあった範囲の出版権を消滅させることができるとすること。

　以下具体的な改正内容について詳述する。

4　文化庁ホームページ「平成26年通常国会　著作権法改正等について」「著作権法の一部を改正する法律案の概要」

》》 2　逐条解説

第79条（出版権の設定）

1　第21条又は第23条第1項に規定する権利を有する者（以下この章において「複製権等保有者」という。）は、その著作物について、文書若しくは図画として出版すること（電子計算機を用いてその映像面に文書又は図画として表示されるようにする方式により記録媒体に記録し、当該記録媒体に記録された当該著作物の複製物により頒布することを含む。次条第2項及び第81条第1号において、「出版行為」という。）又は当該方式により記録媒体に記録された当該著作物の複製物を用いて公衆送信（放送又は有線放送を除き、自動公衆送信の場合にあつては送信可能化を含む。以下この章において同じ。）を行うこと（次条第2項及び第81条第2号において「公衆送信行為」という。）を引き受ける者に対し、出版権を設定することができる。

2　複製権等保有者は、その複製権又は公衆送信権を目的とする質権が設定されているときは、当該質権を有する者の承諾を得た場合に限り、出版権を設定することができるものとする。

　本条は、出版権についての総論的な規定であり、主に誰が出版権の設定をすることができるのか、誰が出版権の設定を受けることができるのか、ということについて規定している。

　出版権は、著作権の支分権である複製権または公衆送信権を有する者が設定できる権利であり、それらの権利の出版に関する独占的な利用権限をその内容とするものである。その点で、特許権者が設定する専用実施権、商標権者が設定する専用使用権と類似する。しかし、専用実施権や専用使用権が特許庁への登録を、その効力発生要件としているのに対し、出版権は出版権設

定の意思を含む出版契約が成立することにより、その効力が発生する。後述する法88条に規定する登録は、効力発生要件ではなく、対抗要件である。

》》》(1) 1項

》》》》(ア)「複製権等保有者」

　本条では、出版権を設定することができる者を、法21条（複製権）または法23条1項（公衆送信権）の権利を有する者である旨を定めている。改正前は「第21条の権利を有する者」とされていたところを、範囲を広げた形となる。

　もっとも、旧著作権法では「著作権者は其の著作物を文書又は図画として出版することを引受くる者に対し出版権を設定することを得」(28条の2)と定めており、現行著作権法への改正が行われた際も、規定内容は引き継がれてきたが、1999年（平成11年）改正による「譲渡権」（法26条の2）の創設に伴い、今改正前の規定に変更された。出版は、単に著作物を編集して出版物を作成し、それを相当数印刷製本するだけで完結するものではない。これらを販売や貸与目的で市場に流通させることができて初めて出版したということができるはずである。出版契約の類型の一つとして「出版権設定契約」があると一般に理解されているのであれば、出版権の設定という行為に、出版に必要な著作権の権利処理はすべて含まれていると期待されているのではないだろうか。

　しかし、今改正前の規定はそうなってはおらず、譲渡権の創設後は、出版権者は複製権者から出版権の設定を受けたとしても、別途譲渡権を有する者から複製物の公衆への譲渡について許諾を得ない限り、出版をなすことができない、と理解されている[5]。出版権の設定は出版にかかわる行為のすべてを

5　文化庁＝通産省編『著作権法・不正競争防止法改正解説』120頁（有斐閣、1999年）

カバーしているわけではないということである。これは出版権の設定により、著作者の権利の一部を出版権者が専有することになり、かつ準物権的効力をもつものである以上、その範囲を必要最小限に抑えようという趣旨であると理解するほかはない。改正法においても、紙媒体の出版に関し、出版権の範囲に譲渡権や貸与権は含まれていない。

出版権の設定は、通常出版権設定契約として行われるため、その契約内容に譲渡や貸与についての許諾を含めておけば、実務上の不都合はなく、仮に明示の許諾がなくても、黙示の許諾は認定されるであろうと考えられる[6]。しかし、譲渡について許諾を受けたとしても、その許諾は債権的な効力をもつにとどまり、後に譲渡権が別の者に属することになった場合には、出版権の設定を受けた出版者といえども、出版に支障が生じるケースはあり得ないことではないであろう。出版に関する譲渡権について、著作権者から譲渡を受けるという方策もあり得るところだが、あまり現実的ではない。制度設計の問題のため、個別の契約で十分に対応できないところであるが、やむを得ない。

また、改正法では、公衆送信について出版権を設定できるようになっているが、電子出版とは、単に著作物を配信用のサーバーに置くだけで成立するものではない。著作物を編集して電子出版物を作成したうえで、その電子出版物を配信サーバーに置いて公衆送信を行うという一連のプロセスを電子出版というのである。このような電子出版を行うためには、出版者は著作権者から、著作物を編集して電子出版物を作成するための複製権の許諾と、これを配信する公衆送信権の許諾を得なければならないが、出版権として設定される権利は、公衆送信権のみである。紙媒体の場合は、出版のための複製について出版権を設定したにもかかわらず譲渡については許諾しないということは通常あり得ないという理由で、出版権設定時に譲渡権についての黙示の

---

[6] 中山信弘『著作権法〔第2版〕』439頁（有斐閣、2014年）

許諾が認められるという考え方は成立すると思われるが、電子出版の場合、公衆送信について出版権を設定したにもかかわらず電子出版物を作成するための複製については許諾しないということが、紙媒体のときと同様に通常あり得ないといえるのか、やや疑問が残るところである。改正法は「記録媒体に記録された当該著作物の複製物を用いて公衆送信を行うこと」と規定しており、著作物の複製物たる電子出版物が介在することを認識していると考えられるため、電子出版物を「作る」部分についても出版権設定の範囲に含めることも可能であったと思われるが、立法者は公衆送信の部分のみ出版権の対象とすれば足りると考えたのであろう。

〉〉〉〉(イ) 「文書若しくは図画」

　法80条1項1号に規定されている「印刷その他の機械的又は化学的方法により」視覚的に固定されたものをいう。紙媒体出版物のことを意味するが、パッケージ型電子出版物も含まれることが明らかにされた。文字、絵、写真等で構成されたものであるが、音声や映像は直接的に視覚に訴えるものではないため、文書・図画の範ちゅうには含まれない。[7]出版物にDVDディスクを添付することにより、映像や音声を容易に出版物の一部として作成し流通させることができるが、この部分については出版権の範囲外となる。

〉〉〉〉(ウ) 「電子計算機を用いてその映像面に文書又は図画として表示されるようにする方式」

　パソコン、電子書籍専用端末、スマートフォン等の画面に、ePub等の電子書籍フォーマットで作成された電子書籍を、これらのフォーマットに対応したプログラム、アプリで画面に表示することをいう。これらのフォーマットでデータを記述することがここにいう「方式」であると理解してよい。ホ

---

[7] 加戸守行『著作権法逐条講義〔6訂新版〕』516頁（著作権情報センター、2013）

ームページ表示に用いられる html もフォーマットの一種であり、出版権の対象に含まれると考えられる。

〉〉〉〉(エ) 「公衆送信（放送又は有線放送を除き、自動公衆送信の場合にあっては送信可能化を含む）」

　法23条1項の公衆送信権にはテレビ（地デジ、BS、CS）放送、有線（CATV）放送が含まれるが、これらの媒体によって著作物を伝達することは「出版」であるとは考えられない。その趣旨を明らかにするために「放送又は有線放送を除」くと明記された。そうすると出版権の対象となる公衆送信には、電子書店での電子書籍配信サービスの他、データベースの検索により文献を表示し閲覧させるサービス、ホームページやブログ等で記事を閲覧させるサービス、メールマガジン、ファックスサービス等が該当することになる。

〉〉〉〉(オ) 「引き受ける者」

　今改正前は「出版することを引き受ける者」とされていた部分であるが、改正法では紙媒体出版とパッケージ型電子出版を「出版行為」とし、配信型電子出版を「公衆送信行為」としたうえで、「出版行為」または「公衆送信行為」を「引き受ける者」が、出版権者となると規定された。「出版することを引き受ける者」は、自ら出版することを予定し、かつその能力を有する者であって、複製権者と出版者との中間にあって出版契約を仲介したり代理したりする性格の者が出版権者となり得るわけではない、と解されている。[8]今回の改正趣旨は、出版権の電子出版への拡張であり、従来の紙媒体の出版権について積極的に変更するものではないから、紙媒体出版についての「引き受ける者」の意義は、従前の「出版することを引き受ける者」と同じと解

8　加戸・前掲〈注7〉516頁

することになる。配信型電子出版についても、同一条文中で規定しているところから、「公衆送信行為」を「引き受ける者」の意義も同じであると解すべきであろう。文化庁も「出版権制度は、出版を引き受け、企画・編集等を通じて出版物を作成し、世に伝達するという出版者の役割の重要性に鑑み、特別に設けられたものと考えられ、その趣旨は電子書籍に対応した出版権についても同様のことと考えられます」との説明を行っている。[9]

》》》(2) 2項

複製権を含む著作権は、質に入れることができる。出版権が設定されれば、出版利用の対価が印税等として支払われることになり、質権者は優先弁済権をもつ。この質権者の権利の実効性を確保するために、出版権の設定には質権者の承諾が必要であるとした。公衆送信への出版権設定にも適用される。

第80条（出版権の内容）

1　出版権者は、設定行為で定めるところにより、その出版権の目的である著作物について、次に掲げる権利の全部又は一部を専有する。

一　頒布の目的をもつて、原作のまま印刷その他の機械的又は化学的方法により文書又は図画として複製する権利（原作のまま前条第1項に規定する方式により記録媒体に記録された電磁的記録として複製する権利を含む。)

二　原作のまま前条第1項に規定する方式により記録媒体に記録された当該著作物の複製物を用いて公衆送信を行う権利

2　出版権の存続期間中に当該著作物の著作者が死亡したとき、又は、設定行為に別段の定めがある場合を除き、出版権の設定後最初の出版行為又は公衆送信行為（第83条第2項及び第84条第3項において「出版

---

[9]　文化庁ホームページ・前掲〈注4〉「平成26年通常国会　著作権法改正等について」

> 行為等」という。）があつた日から３年を経過したときは、複製権等保有者は、前項の規定にかかわらず、当該著作物について、全集その他の編集物（その著作者の著作物のみを編集したものに限る。）に収録して複製し、又は公衆送信を行うことができる。
> 3　出版権者は、複製権等保有者の承諾を得た場合に限り、他人に対し、その出版権の目的である著作物の複製又は公衆送信を許諾することができる。
> 4　第63条第２項、第３項及び第５項の規定は、前項の場合について準用する。この場合において、同条第３項中「著作権者」とあるのは「第79条第１項の複製権等保有者及び出版権者」と、同条第５項中「第23条第１項」とあるのは「第80条第１項（第２号に係る部分に限る。）」と読み替えるものとする。

　本条は、出版権の内容および制限等について規定している。１項は、出版権の権利内容を規定しているが、複製権に基づく紙媒体出版およびパッケージ型電子出版の権利と、公衆送信権に基づく配信型電子出版の権利とを並列させ、可分の権利として定めた。さらに、それぞれの権利について、その一部に対する出版権が設定できる旨が定められたため、どこまで分割設定が可能なのか、ということが重要な解釈上の論点となった。２項は、個人全集等の出版にあたり、一定の条件下で出版権が制限されることが規定されている。改正前と同様の規律であるが、配信型電子出版における「個人全集」の意義といった、新たな問題が浮上している。３項は、改正前は出版権者によるさらなる複製許諾を禁止する条項であったが、改正により、複製権者または公衆送信権者の承諾を条件として、出版権者によるさらなる複製許諾または公衆送信許諾を認める規定となった。改正の契機は、配信型電子出版において、配信事業者が公衆送信権行使の主体ともっぱら取り扱われている現状に、法がどのように対応するか、というところにあったが、改正法の射程はそれに

とどまらず、法的根拠、構成があいまいであった二次出版に関する出版界の慣行に影響を及ぼし得るものとなっている。

⟩⟩⟩ (3) 1 項

⟩⟩⟩⟩ (ア) 「権利の全部又は一部」

　今改正前の80条1項では、「(紙媒体出版物として)複製する権利を専有する」というように規定されており、文言上は紙媒体出版物であれば、単行本や文庫本といった版型の違いにかかわらず、出版権者は出版権限を独占できると読めたのであるが、同項で「設定行為で定めるところにより」とあるため、出版権の内容を当事者間でどの程度まで定めることができるのか、ということが論点となった。具体例をあげるとすれば、出版契約中で「単行本出版についての出版権を設定する」という記載があったとした場合、それがどのようなことを意味するのか、また、法の規定上許容できるのか、といったことが議論されたのである。

　民法上は、取引安全の観点から、所有権についてその客体は独立かつ単一でなければならないとする一物一権主義が原則として採られている。著作権も、その無断利用に対して差止請求権をもつといった、誰に対しても権利を主張できる物権的な効力をもつ権利である。著作権は、「その全部又は一部を譲渡することができる」(法61条1項)と定められており、著作権全部だけでなく、支分権ごとの譲渡は疑問なく認められている。支分権というのは、法律上具体的に規定された個別的な利用態様別の権利ということができるから、実務処理上完全に別個の権利として観念され、適用されているものについては、社会的にそのような取扱いをする必要性も高いとして、それ自体独立して譲渡の対象とすることが可能であると考えられている[10]。取引通念上、

---

[10] 加戸・前掲〈注7〉436頁

そこまでは「一個の権利」として譲渡できるということであり、そのことによる弊害もないということであろう。しかし、それよりもさらに細分化するような行為については、単なる利用許諾であるならば、著作権者と被許諾者のみを拘束する債権的な合意であり、契約自由の原則から問題はないが、著作権の譲渡は準物権的な行為であり、一物一権主義や、物件の種類と内容を定型化して第三者にその内容が明らかでないものが取引対象となることを回避するための物権法定主義（民175条）の趣旨からして、利用許諾のような分割は認められるべきではない[11]。

出版権は、著作権の支分権である複製権または公衆送信権に基づいて設定される、用益物権的な権利であるが、出版権者にその権利が専有される結果、設定者である複製権者または公衆送信権者は出版権として設定した権利について行使することができないことになり、その点で、出版権の設定は著作権の譲渡と類似しているということができるため、出版権の設定単位は、著作権譲渡の議論と同様に、考えられることになる。加戸・前掲〈注7〉では、単行本としての複製権と豪華本としての複製権とを分割譲渡する場合を想定し（出版権を分割設定する場合と同じ議論となる）「文庫本の複製権者と豪華本の複製権者が別人となれば、新書版の無断複製行為はどちらの著作権を侵害することになるのか、ガリ版印刷ならばどうか、ゼロックスによる大量複製ならどうかというように、複製行為があるたびにどちらの権利でカバーするのかという問題が出てまいります[12]」として、そこまでの可分性を認めるべきではないとしている。

出版権は、そもそも出版者の出版権限の独占を保護するための制度であり、出版権がカバーする範囲は、出版者として独占している、すなわち「その作品（著作物）はうちからしか出ていません」と言えるような状況を担保するものでなければ、制度として意味がない。そうすると、単行本と文庫本の出

11　金井高志『民法でみる知的財産法』120頁（日本評論社、2008）
12　加戸・前掲〈注7〉437頁

版権を分割設定することができるとすると、単行本としては独占しているが、文庫本は他の出版者から出ているということになり、「うちからしか出ていません」という状況ではないことになる。出版権の制度趣旨からも、版型の違いによる分割設定は認められるべきではない。

　そうすると「単行本出版としての出版権を設定する」という文言があった場合の契約の解釈として、①出版者は紙媒体の出版物について版型を問わず出版する権利を専有し（出版権設定の効果）、文庫版としての複製が第三者によって行われた場合には、出版者の出版権侵害となるが、出版者と複製権者との間の合意内容として、出版利用は単行本の形態のみに限定する、②出版権設定は否定され、単行本としての利用許諾が行われただけであり、対第三者効は生じない、という二パターンが考えられる。紛争が起こった場合、その紛争の内容や契約書の他の条項によって、どちらの認定もあり得ると思われるが、このような文言による出版権設定契約とした場合には、出版者にとっては重大なリスクが生じ得ると考えなければならない。もちろん、ここまでの議論でも出ているとおり、利用許諾として単行本だけ、または文庫本だけというような出版契約を締結することは全く自由である。文庫本という形態で出すことについては独占するという約定もまた自由であるが、逆に言えば他の形態で出すことを禁止するものではないため、出版契約の類型としては、非独占的な利用許諾契約ということになるであろう。

　以上が今改正前までの議論であるが、改正法は「権利の全部又は一部」とすることにより、出版権を分割設定ができることを明文で許容した。このため、法がどこまでの出版権の分割設定を許容しているのかが、あらためて問われることになった。しかし、出版権の位置付けが変化したわけではないため、紙媒体の出版物については従前の議論、すなわち版型ごとの分割設定は許されないとするのが妥当である。また、今回拡張された公衆送信権に関する出版権設定については、前条の解説部分で述べた各利用形態が実務処理場完全に別個に観念されているとはいえず、利用形態自体が通信環境や再生端

末の変化に影響されることを考えると分割が議論される段階にはないと考えられるうえ、ファックスサービスを除けば、利用者である読者にとって、その違いは単なる流通ルートの違いにすぎないのであり、これも分割設定は許されないと考えるべきである。「アマゾンでの配信は独占しています」という言い方は、出版権の趣旨からも意味がないし、仮に「電子書店での配信」と「データベースサービスでの閲覧」とを分割設定できたとすると、それ以外の形態によるデジタル海賊行為に対してはどちらの権利侵害ということになるのか、といった問題が浮上してくる。

ただ、複製権に関する出版権について、改正法では明文でパッケージ型電子出版も出版権の設定対象であることが定められ、実務上も紙媒体出版物とは別個のものだと考えられていることを考慮すると、紙媒体出版物とパッケージ型電子出版物とは、分割して出版権を設定できると考えられる。また今回の法改正時における議論は、かなり初期から紙媒体についての出版権と配信型電子出版についての出版権とを別個独立に取り扱うことができる制度とすることが、その前提とされており、これらは分割して設定できる。

以上の議論をまとめると、出版権は紙媒体出版物、パッケージ型電子出版物、配信型電子出版物という3種の出版形態に分割して設定できるが、それ以上に細分化した分割設定は認められるべきではない、ということになる。

〉〉〉〉〉(イ)「頒布の目的」

「頒布」とは「有償であるか又は無償であるかを問わず、複製物を公衆に譲渡し、又は貸与すること」(法2条1項19号)であり、「公衆」は「特定かつ多数の者を含む」(同条5項)とされている。つまり特定少数へ向けて配るための複製は出版権設定の対象とならず、出版権の侵害にもならない。企業内複製等のケースが該当する。もっともこれらが無断で行われた場合は、出版権侵害にはならなくても著作権者の複製権侵害となる。

》》》》 (ウ)「原作のまま」

一字一句たりとも修正できないという趣旨ではなく、通常行われる校訂作業による修正・変更は許容される。しかし、翻訳や翻案が行われたものを複製する権利は含まない。具体的には、英語の著作物の出版権設定を受けたとしても、その日本語への翻訳を複製する権利は含まれない（日本語翻訳についての出版権設定をすることができるのは翻訳者である）。また著作物をダイジェストして複製する権利も含まれない。

》》》》 (エ)「記録媒体に記録された電磁的記録として複製」

記録媒体自体が複製されるケースであり、具体的には、CD-ROMやICカードが該当する。また電子辞書など、ハードウエア自体に著作物があらかじめ記録されて場合も、内臓されているメモリやディスクがこの記録媒体に該当する。パッケージ型電子出版物を意味する規定である。

》》》》 (オ)「記録媒体に記録された当該著作物の複製物を用いて」

配信型電子出版を行うためには、配信用サーバーに電子出版物ファイルをアップロードする必要がある。このアップロード行為自体は、出版権の対象となる公衆送信権に含まれている（送信可能化）ものであるが、そもそも電子出版物が著作物の複製物たる電子ファイルとしてハードディスク等の記録媒体に記録されていなければ、アップロード行為はできない。電子出版を行う場合、紙媒体の出版を行う場合と同様に、編集作業を経て電子出版物という完全パッケージを作成する工程が存在するが、以前作成したファイルを再利用する場合や、第三者が作成したファイルを利用する場合もあり得るところであり、そのような配信型電子出版行為も、出版権が設定可能な公衆送信行為であることを明らかにした規定である。

⟩⟩⟩ (4) 2 項

　出版権が設定されている場合、その著作物を第三者が出版することはできないが、その著作者が設定期間中に死亡した場合や最初に出版してから3年が経過した場合には、その著作者の個人全集や選集に限り、出版権者以外の者が出版することができる旨を定めた規定である。著作者の死亡に伴う記念出版や、著作者の創作活動の集大成としての全集出版は、読者が求めるところであり、出版権者の意向にかかわらず可能な限り実現されるべきだということであろう。

　著作者が死亡した場合に全集出版が可能とされることは強行規定であり、出版契約で修正することはできない。一方、最初の出版から3年経過後という要件は「設定行為で別段の定めがある場合を除き」と明文で契約による修正を認めている。全集や選集という形態であっても、出版権者にとっては競合出版ということになるのであるから、出版者が独占出版を強化したい場合には、この要件を排除する規定を出版契約に盛り込む必要がある。

　改正法で注意しなければならない点が一つある。紙媒体出版物では、個々の出版物と個人全集とは全く違うものだという概念が、読者も含めて広く共有されている。統一的な造本デザインや月報等の付録の存在など、全集の出版が必ずしも既存の出版物の売れ行きに悪影響を与えるものとはいえない。しかし、配信型電子出版における個人全集が、紙媒体での個人全集と同じように扱えるのか疑問がある。媒体で再生したときに、紙媒体のような意味のある差が存在するとは思えず、配信型電子出版で個人全集をばら売りすることと、個別の作品として電子出版することとの間には、実質的な差異は存在しないと思われる。そのような場合にまで本項の適用を認めることは、電子出版についての出版権を認めた趣旨を没却させることになるため、認められるべきではない。配信型電子出版において本項の適用が認められる場合は、全集や選集を一括して取引対象とする場合に限定されるべきであろう。

》》》(5) 3 項

　今改正前は「出版権者は、他人に対し、その出版権の目的である著作物の複製を許諾することができない」とされていたものであり、原則禁止とされていた行為が、権利者の承諾を条件として認められることになったものである。

　電子出版、特に配信型電子出版では、多くの出版者が直接読者に対して公衆送信を行っているわけではなく、配信事業者の配信システムを通して公衆送信を行っている。この流れの法律構成はいろいろ考えられる。出版者の委託を受けた代理人として配信事業者が公衆送信を行うという構成や配信事業者は出版者の履行補助者であるという構成を採るのであれば、法律上の公衆送信行為の主体は出版者であるといえるが、電子出版物を配信事業者が出版者から「仕入れ」て読者に向けて「販売」するという構成を採った場合には、公衆送信行為の主体は配信事業者ということになるため、出版者は公衆送信権者から設定を受けた出版権に基づき、配信事業者に公衆送信の許諾ができなければならない。そしてこの三つ目の法律構成はほとんどの配信事業者がとるものであり、一部の例外を除いて、出版者と配信事業者との配信契約は、この法律構成によっている。そうすると、従前の規定のスタイルで存続する場合、配信事業者を通した電子出版は、出版権設定契約のもとでは行うことができないのではないかという疑問が生じることになる。

　今改正前の規定が、出版権者による許諾ができないとしていた趣旨は、出版権が、出版者が出版を自ら行うことを前提としてこれを引き受けた者を対象として設定されたものであるから、第三者への複製許諾をもその内容とするものであれば、複製権の期限付き譲渡と変わらず、出版者による独占出版を保障するための制度という、制度の存在理由を失うからだと理解されていた[13]。一方で、今改正前の本項を排除する特約を認めたところで、出版権の設

13　加戸・前掲〈注7〉525頁

定と複製権の譲渡を区別することができなくなることにはならないのであり、本項は出版権者が利用許諾を与えたとしても、それだけではただちに複製権者に対しても利用許諾の効力を生じるわけではないことを確認する規定であると理解し、複製権者と出版権者双方の許諾があれば、当該著作物の出版は可能であるとする考え方もある[14]。出版権制度自体をどう考えるのかという視点の違いに起因しているところであり、どちらの考え方がより妥当なのか簡単には決しがたいが、このような議論の存在自体、実務に影響を与えるものであるため、改正法によって立法的に解決されたということになる。

改正法の審議過程において、上述した配信事業者に対する許諾を法律上疑義なく行うことがその目的とされたことは明らかであるが、本項では出版を目的とした複製権も、出版権者が許諾できることになる。そうすると、いわゆる二次出版についても、最初の出版者があらかじめ権利者から承諾を得ておけば、出版権に基づく許諾という法律構成を採ることが可能となる。紙媒体出版では、単行本を刊行した出版者とは別の出版者から文庫本が刊行されるということはよくあることであり、その際に文庫出版者から単行本出版者に金員が支払われることも出版界の慣行として行われてきたが、このような取扱いをどのような法律構成として理解するのか、また設定された出版権の効力はどうなるのかがはっきりしないままであったといえる。このあいまいな部分によりどころを与えるという意味で、電子書籍に対応した出版権創設という改正趣旨にとどまらない、重要な改正ということができる。

書協がヒナ型で採った立場は、ヒナ型解説（49頁以降参照）で示したとおりであり、法80条3項を用いた二次出版の包括的な承諾は、当初の出版契約で取り付けるのは妥当ではない、というものである。問題点は二次出版（32頁参照）の項目で指摘した。これらをどう解決しているのかは、契約実務の課題である。

14　田村善之『著作権法概説〔第2版〕』498頁（有斐閣、1998）

また、二次出版と似た例であるが、電子出版専業の出版社が新しい作品を出版しヒットさせたが、自らは取次の口座をもたず書店営業等の人員ももたない場合に、紙媒体出版の領域については他の出版社への出版許諾を行うということも考えられる。

　このような形態の出版活動もすでに行われており、契約構成も二次出版と同様に、さまざまな形をとって行われていると考えられる。この契約構成の一類型として、法80条3項を利用することはどうか。この場合、解釈論として問題となるのは、電子のみで紙媒体出版を行わないにもかかわらず、紙媒体での出版権者すなわち「出版することを引き受ける者」（法79条1項）といえるのか、また出版権者の義務をどう履行するのかというところである。前者は通説からすると出版権者たり得ないということになりそうであるが、電子出版については出版権者として求められる要件を満たしているのであり、そこで出版された著作物を同じものを紙媒体出版については他者に許諾することを否定してしまうのは、解釈として硬直的にすぎるようにも思われる。後者については、二次出版で直面する問題と同じになる。

〉〉〉(6)　4　項

　改正法において、出版権者が他者に複製や公衆送信の許諾をできることになったことに伴い、著作物の利用の許諾について規定した法63条を準用したものである。同条2項は「その許諾に係る利用方法及び条件の範囲内において、その許諾に係る著作物を利用することができる」としているものであり、出版権者は設定を受けた権利範囲を超える許諾ができないこと、たとえば紙媒体出版物のみの権利設定を受けた出版権者は、配信型電子出版の許諾を行うことができないという、ごく当たり前のことを述べていることになる。同条3項は「著作物を利用する権利は、複製権等保有者及び出版権者の承諾を得ない限り、譲渡することができない」と読み替えられることになり、出版権者からの許諾を受けた第三者は、出版権者のみならず、著作権者の承諾を

得なければ利用権限の譲渡ができないことを確認している。同条5項は、送信可能化に用いるサーバーと送信可能化の回数に関する条件違反は契約違反であっても著作権侵害にはならないことを確認的に明らかにしたものと考えられる[15]。公衆送信権について出版権が設定できるようになったため準用されたのであるが、そもそも公衆送信許諾の場合に、その送信可能化回数や利用するサーバーの特定といったことが契約の内容となることはほとんどないであろう。

第81条（出版の義務）

　出版権者は、次の各号に掲げる区分に応じ、その出版権の目的である著作物につき当該各号に定める義務を負う。ただし、設定行為に別段の定めがある場合は、この限りでない。

　一　前条第1項第1号に掲げる権利に係る出版権者（次条において「第一号出版権者」という。）　次時掲げる義務

　　イ　複製権等保有者からその著作物を複製するために必要な原稿その他の原品若しくはこれに相当する物の引渡し又はその著作物に係る電磁的記録の提供を受けた日から6月以内に当該著作物について出版行為を行う義務

　　ロ　当該著作物について慣行に従い継続して出版行為を行う義務

　二　前条第1項第2号に掲げる権利に係る出版権者（次条第1項第2号において「第二号出版権者」という。）　次に掲げる義務

　　イ　複製権等保有者からその著作物について公衆送信を行うために必要な原稿その他の原品若しくはこれに相当する物の引渡し又はその著作物に係る電磁的記録の提供を受けた日から6月以内に当該著作物について公衆送信行為を行う義務

15　作花文雄『詳解著作権法〔第4版〕』447頁（ぎょうせい、2010）

> ロ　当該著作物について慣行に従い継続して公衆送信行為を行う義務

　今改正前の81条は、出版権者に出版義務および継続出版義務を課すものであったが、改正法も同様に、複製権に基づく出版権と公衆送信権に基づく出版権の双方について、それぞれ出版義務と継続出版義務とを課したものとなっている。

　これらの義務は「設定行為に別段の定めがある場合は、この限りでない」と規定されているように、出版契約によってその内容を変更することができる。そうすると、出版義務や継続出版義務を完全に免除するような契約は許容されているのかということが問題となる。完全な免除が許容されているとすると、出版者は著作者から出版することを目的として原稿を受領しても、出版しなかったり、いつ出版するのか恣意的に決めたりすることができる、また品切状態を放置し続けても出版権の消滅請求を排除できる、という結論となるのであるが、この結論はいかにも不当である。契約の一般原則に照らして公序良俗に反して無効となることもありうる[16]、と考えることができるため、その意味でこれらの義務を完全に免除することはできないと理解すべきであろう。

　なお、出版義務については、規定の体裁上、原稿等の引渡し前に出版権設定契約が成立していることが想定されている。そうすると出版者は契約成立時点では原稿内容の最終確認は行えないケースが生じ得る。原稿が引き渡された段階では、その出版者としては出版できる内容ではないと判断することも考えられるし、出版時期を逸している場合も考えられる。そのような場合にまで出版者に出版義務が課せられるという結論もまた不当であり、本条にかかわらず出版者には出版を取りやめる権限が留保されていると考えるべき

16　作花・前掲〈注15〉469頁

であろう。もちろん著作者が他の出版者に持ち込む自由は考慮する必要があり、出版者が出版を取りやめる場合は、原稿等の引渡しが行われた後速やかにその判断をなさなければならない。

》》》(7) 1 号

》》》》(ア) 「その著作物を複製するために必要な原稿その他の原品若しくはこれに相当する物の引渡し又はその著作物に係る電磁的記録の提供」

「原稿その他の原品」とは、言語の著作物であればその原稿、音楽の著作物であれば楽譜、美術または写真の著作物であれば原作品等を意味する。「これに相当する物」とは、原稿や楽譜の複写物または既刊の著作物であればその出版物をいう。出版物を作るための必要性さえ満たすならば、コピー等でも差し支えないからである。改正法では、これらに加えて「電磁的記録」が追加された。「電磁的記録」が客体の一つとして加えられたのは、データ化されている状態のまま出版の素材として使われることが想定されるためである。「引渡し」は有体物を前提とした用語であるため、電磁的記録については「提供」という用語が使われている。

》》》》(イ) 「(引渡し又は提供を) 受けた日から」

法文上全部とは書かれていないが、出版のための複製に必要なものである以上、全部であることはいうまでもない。

》》》》(ウ) 「6月以内」

出版契約において、特に定めなければ6カ月となるという意味であり、契約で3カ月に短縮したり、1年に延長したりすることは差し支えない。

》》》》㈎　「出版行為を行う」

実際に市場流通過程に置くことをいう。

》》》》㈏　「慣行に従い継続して」

　継続して出版するということは、読者が入手可能な状態にするという意味であるが、常に提供可能な状態を維持しなければならないわけではなく、出版慣行上合理的な範囲での品切状態は許容される。出版物はその多くがいわゆる委託販売制度のもとに出荷されており、ある程度返本が発生することは避けがたい。返本があることを見込んで増刷のタイミングを遅らせることや重版部数を抑えることは、過剰在庫をもたないという意味で合理的であるが、返本してくるのかどうかは、書店サイドの判断であり、結果として一時的に品切状態になることは許容される。

　では、重版や返品のめどがなく、かつ在庫が存在しない状況はどうか。条文解釈としては、継続出版義務が果たされていない状況であるといえるだろう。その場合、著作者は出版者に対して増刷等の対応を要求し、それが行われない場合は出版権を消滅させることができる（法84条2項）（174頁参照）。書協が作成しているデータベースである「データベース日本書籍総目録」には186万9470点の登録があり、そのうち「入手可能」は96万7421点、「絶版」が17万3936点、「品切・重版未定」が72万8113点となっている（2014年11月21日現在）。絶版とは、出版権が消滅したり出版利用許諾が終了したりしている状態であるが、「品切・重版未定」は出版者の意識としては、出版権もしくは出版利用許諾が継続している状態であるといえる。紙媒体出版において通常の印刷工程を経る場合は、最低ロットとして少なくとも数百点を制作することが必要であり、その最低ロット分を一定期間内に売りきることができる状況でなければならない。市場の需要がそこまで高まらなければ重版できないのである。その意味では、品切・重版未定にもある程度の合理性がある

といえるかもしれない。難しい問題であるが、著作権法の趣旨からすればやはり継続出版義務は果たされていないといわざるを得ないように思われる。

さらに今は、オンデマンド出版システムが普及し、価格帯も通常の印刷工程による場合に近づけることが可能な状況にあるといえる。オンデマンド出版は紙媒体出版の一部と考えられるから、市場の需要が通常の印刷工程での最低ロットに満たない場合でも、出版者がオンデマンド出版を選択すれば、継続出版義務は満たされることになる。そうすると、品切・重版未定状態はより許容されない方向にあるといわざるを得ない。

〉〉〉(8) 2 号

〉〉〉〉(ア) 「公衆送信行為を行う」

紙媒体出版と同様に流通過程に置くことを意味する。具体的には配信事業者のサイトでダウンロード等が可能となった時点ということになる。

〉〉〉〉(イ) 「慣行に従い継続して」

紙媒体出版物のように、返本や印刷の最低ロットという制約は、配信型電子出版には存在しない。このため、配信サイトでダウンロード等が可能となっていれば、継続出版義務は満たしていることになる。

第82条（著作物の修正増減）

1　著作者は、次に掲げる場合には、正当な範囲内において、その著作物に修正又は増減を加えることができる。
　一　その著作物を第一号出版権者が改めて複製する場合
　二　その著作物について第二号出版権者が公衆送信を行う場合
2　第一号出版権者は、その出版権の目的である著作物を改めて複製しようとするときは、その都度、あらかじめ著作者にその旨を通知しな

ければならない。

⟩⟩⟩ (9) 1 項

　著作者には、著作者人格権としての同一性保持権（法20条）があるが、本条は、そこで認められている「勝手に改変されない」権利の延長線上に、著作者の人格的利益を保障するために積極的な内容変更権ともいえる権利を認めたものである。したがって、著作者が死亡している場合は、本条の適用はなく、遺族は本条を根拠として出版者に修正または増減を求めることはできない。

　一方、著作者が複製権や公衆送信権を他者に譲渡していたとしても、本条の根拠は人格権にあるため、著作者は本条の権利行使が可能である。

⟩⟩⟩⟩ (ア) 「正当な範囲内において」

　著作者の人格的利益と出版者の経済的利益とのバランスの中で決せられる問題である。通常の印刷工程で作られる紙媒体出版物の増刷の場合は、版組の変更がない小規模の修正や誤記等の訂正であれば出版者の経済的負担もほとんどなく、認められるべきであろうし、内容の致命的なエラーがあった場合には、著作者の人格的利益を考慮し、出版者は対応すべきということになろう。いわゆる改訂、増補の場合は、出版者の経済的負担は増加するため、修正・増減等に必要な期間や増加する出版費用を個別具体的に検討し、著作者の要求が本項にいう「正当な範囲内」であるかどうかが判断されることになるが、著作物としての同一性を超えるような場合は、新たな著作物に対する新たな出版契約ということになり、本条の問題とはならない。

⟩⟩⟩⟩ (イ) 「改めて複製する場合」

　前回の印刷行為とは一定の間隔をおいて印刷行為を行うことを指す[17]。通常

の印刷工程で作られる紙媒体出版物であれば、規定内容に疑問はないが、オンデマンド出版の場合には問題がある。法79条、80条の規定から、オンデマンド出版物が紙媒体出版物として出版権の対象となると考えられるが、オンデマンドの名のとおり、読者による注文の都度印刷が行われるのであり、「改めて複製する場合」とは、読者による注文の都度ということになる。読者による注文の都度、著作者に修正・増減の機会を与えるということは、実務上あり得ないことであり、対応は不可能である。オンデマンド出版物には本条は適用されないと解するほかないように思われる。

⑷ ㈦ 「公衆送信を行う場合」

　紙媒体出版物の「改めて複製する場合」と平仄を合わせるような規定であるが、その意味は不明としかいいようがない。第二号出版権は、主として配信型電子出版に設定される権利であるが、公衆送信は読者からの送信リクエストに応じて行われるのであって、読者からの送信リクエストの都度、修正・増減の機会を与えるということは、オンデマンド出版と同様に不可能である。送信可能化の時点ということだとすると、配信用サーバーにアップロードするときにその機会を与えなければならない、ということになり、これ自体は実行可能であるが、いったん送信可能化されたものについては、本条に基づく機会を与える必要がないことになり、紙媒体出版物との扱いが大きく異なることになる。同一著作物について紙媒体出版と配信型電子出版とが行われている場合、紙媒体出版物において増刷の都度本条による修正が行われたとすると、著作者もまた出版者も、内容に差が生じることは望まないと考えるため、適切なタイミングで配信型電子出版物についても修正は行われるであろう。しかし、これは本条の規律に基づくものではない。

17　加戸・前掲〈注7〉529頁

>>> ⑽　2 項

　前項の権利行使の機会を確保するための規定である。著作者が出版契約の当事者でない場合、すなわち著作権もしくは複製権が譲渡されているような場合には、出版者は契約の相手方ではなく、著作者にこの通知をしなければならない。本項は、今改正前の規定と同一の内容である。逆に言えば、第二号出版権がカバーする配信型電子出版では、出版者に著作者に対する通知義務は課せられていない。前項の解説で指摘したとおり、配信型電子出版についての前項の規定は、実質的に何の意味ももたないことは明らかであり、さすがに立法者も意味のない規定を担保することに躊躇したのではないかと考えざるを得ない。

第83条（出版権の存続期間）
1　出版権の存続期間は、設定行為で定めるところによる。
2　出版権は、その存続期間につき設定行為に定めがないときは、その設定後最初の出版行為等があつた日から3年を経過した日において消滅する。

>>> ⑾　1 項

　出版権は複製権者または公衆送信権者により出版者に対し設定されることで発生する権利であり、出版権を存続させる期間もまた、双方の合意により自由に決めることができる、ということを確認する規定である。自動更新の規定を置くことも差し支えない。

>>> ⑿　2 項

　出版物の市場での寿命は千差万別であり、いつまで売れ続けるのか出版し

てみなければわからないことも多い。いわば成り行きで、というような場合に期間を定めないこともありうる。このため、無用の紛争を回避するために存続期間が法定された。

期間を「無期限」とすることは、複製権の譲渡に等しいものであるから、出版権の存続期間に定めのないものと扱うべきであるとされている。また著作権の存続期間とする、という取り決めについても、実質的に「無期限」と同じであり、同様に扱うべきであるとされている[18]。しかし、出版権の設定には継続出版義務という重い義務が出版者に存在し、この義務違反は出版権の消滅原因となる。そうすると、いかに「無期限」といっても譲渡と同一視することは妥当とはいえないのではないかと思われる。また、出版契約の期間を、著作権の存続期間中とする定め自体、欧米の出版契約で見られるものであり、このような定め方が公序良俗に反するとはいえないであろう。そうすると、１項に立ち戻り、当事者の意思に従う扱いが妥当であろう。

第84条（出版権の消滅の請求）

1　出版権者が第81条第１号（イに係る部分に限る。）又は第２号（イに係る部分に限る。）の義務に違反したときは、複製権等保有者は、出版権者に通知してそれぞれ第80条第１項第１号又は第２号に掲げる権利に係る出版権を消滅させることができる。

2　出版権者が第81条第１号（ロに係る部分に限る。）又は第２号（ロに係る部分に限る。）の義務に違反した場合において、複製権等保有者が３月以上の期間を定めてその履行を催告したにもかかわらず、その期間内にその履行がされないときは、複製権等保有者は、出版権者に通知してそれぞれ第80条第１項第１号又は第２号に掲げる権利に係る出版権を消滅させることができる。

18　加戸・前掲〈注７〉531頁、532頁

> 3　複製権等保有者である著作者は、その著作物の内容が自己の確信に適合しなくなつたときは、その著作物の出版行為等を廃絶するために、出版権者に通知してその出版権を消滅させることができる。ただし、当該廃絶により出版権者に通常生ずべき損害をあらかじめ賠償しない場合は、この限りでない。

　複製権者または公衆送信権者から出版権の消滅を請求できる場合が法定されている。出版権の設定は通常出版契約によって行われるのであり、出版契約の解除事由やその手続を法定したものということができる。もっとも出版権を設定する出版契約の解除事由が本条に規定されたものに限定されるということはない。出版契約における出版者の重要な義務の一つに印税等の著作物利用料の支払義務があるが、その義務違反が出版契約の解除事由となることはいうまでもなく、出版契約が全部解除されてしまえば、その出版契約によって設定されている出版権も消滅すると解されるからである。

⟩⟩⟩ ⑬　1　項

　本項は出版義務違反、すなわち原稿等を受領してから6カ月以内に出版されないときには、複製権者または公衆送信権者は出版権を消滅させることができる。複製権者等は通知をすれば足り、出版権者の同意は不要である。法定された無催告解除ということになる。

　出版権者が、第一号出版権と第二号出版権の双方の設定を受けていた場合、本項によって解除されるのは、義務違反があった部分のみである。出版契約において、紙媒体出版と配信型電子出版の双方について出版権の設定を受けたが、約定の期間内に紙媒体出版を行ったものの、配信型電子出版を行わなかった場合は、公衆送信権者は配信型電子出版に関する出版権を消滅させる旨を出版者に通知することにより、出版契約のうち配信型電子出版に関する部分が解除されることになる。

〉〉〉 (14) 2 項

本項は継続出版義務違反に対する消滅請求である。3カ月以上の猶予期間を定めて継続出版を求めてもなお義務が果たされない場合に、複製権者等は出版権を消滅させることができる。これも前項と同様に法定された解除事由であり、民法541条にいう「相当の期間」が「3カ月」ということになる。

〉〉〉 (15) 3 項

前2項と異なり、本項は著作者が現存していてかつ出版契約の当事者となっている場合に適用される。著作者による廃絶請求である。これはすでに行われている出版による公表を止めさせるものであるので、法18条に規定されている著作者人格権としての公表権と対をなす、人格的権利であるといえる。もっとも、著作者が複製権または公衆送信権を有している場合にのみ主張することができる権利である点で、同条ないし20条の著作者人格権より限定された権利であり、出版権の一つとして規定されている修正増減を求める権利（法82条）よりも限定的である。著作者が複製権または公衆送信権を有していない場合は、修正増減を求める権利を行使しうる範囲で自己の確信と折り合いをつけるしかない。

なお、廃絶請求できるのは将来の出版行為であり、すでに出版されたものについては、流通過程にある出版物を強制的に回収する権限は出版者にはないと考えられるため、出版者が負う義務は出版者在庫の破棄までということになる。また、当然のことながら、読者の手に渡ってしまったものや、図書館蔵書となったものについてまで、読ませないということはできない。また、本項但書で「出版権者に通常生ずべき損害」を事前に賠償することが定められており、具体的には出版者の得べかりし利益および回収費用を著作者が負担しなければならないことになるから、著作者にとっては限定的かつ行使のためのハードルが高い権利であるといえる。

法85条は1999年（平成11年）の法改正（譲渡権等の創設）時に削除されており、また法86条は、出版権の制限として、著作権の制限条項のうち出版権に準用すべき条項を規定したものであり、ここでは特に解説を行わない。

第87条（出版権の譲渡等）

　出版権は、複製権等保有者の承諾を得た場合に限り、その全部又は一部を譲渡し、又は質権の目的とすることができる。

本条は、出版権が人的信用を基礎として設定されるものであることに鑑み、譲渡および質入れといった財産としての処分行為には、複製権者または公衆送信権者の承諾を要するものとした規定である。強制執行による出版権の移転についても複製権者等の承諾を必要とすると解されている[19]。

第88条（出版権の登録）

1　次に掲げる事項は、登録しなければ、第三者に対抗することができない。
　一　出版権の設定、移転（相続その他の一般承継によるものを除く。次号において同じ。）、変更若しくは消滅（混同又は複製権若しくは公衆送信権の消滅によるものを除く。）又は処分の制限
　二　出版権を目的とする質権の設定、移転（相続その他の一般承継によるものを除く。次号において同じ。）、変更若しくは消滅（混同又は複製権若しくは公衆送信権の消滅によるものを除く。）又は処分の制限
2　第78条（第3項を除く。）の規定は、前項の登録について準用する。この場合において、同条第1項、第2項、第4項、第8項及び第9項中「著作権登録原簿」とあるのは、「出版権登録原簿」と読み替える

19　加戸・前掲〈注7〉543頁

> ものとする。

　本条は、出版権および出版権を目的とする質権の得喪・変更等に関し、登録による公示の制度を定め、財産権としての取引の安全を図るとともに、その手続について著作権の登録手続に関する規定を準用する旨定めたものである。

　出版権の設定は複製権者と出版権者との間の設定行為によって行われるものであり、外部からは設定の事実を知ることはできない。出版権は譲渡し、または質権の目的とすることができるから、その取引の安全を図る必要があり、登録による公示制度が定められたのである。そのうえで、不動産の物権変動（民177条）と同様の対抗要件主義が採用された。

　したがって、本条における「第三者」には、海賊版出版者のような不法行為者は含まれず、複製権者または公衆送信権者から出版権の設定を受けた者に限定される。民法177条の一般的な解釈に従えば、先行する設定行為の存在を知っているだけなら「第三者」の範囲内であるが、背信的悪意者と評価されるような場合は「第三者」から除外される。

　つまり、登録による対抗、という局面が生じるのは、出版権の二重設定が行われた場合などに限定される。[20]著者が二つの出版者から出版権設定契約をもちかけられて、その両方に応じるということは想定しがたい。しかし、単行本を目的とした出版権設定と文庫本を目的とした出版権設定を別々の出版者に対して行うことはありうるのであり、両方の契約とも出版権を設定する契約と解される場合は、出版権の二重設定が行われていることになる。また、著作者の存命中に出版権設定契約を行い、その直後に著作者が死亡し相続人が別の出版者と出版権設定契約を行うということもありうるケースであろう。さらに、出版権は複製権者または公衆送信権者が設定できるものであるから、

20　出版権の設定後、著作権が譲渡された場合も、出版権の登録があればその出版権を新たな著作権者に対抗できる。

著作者が出版権を設定した後、複製権または公衆送信権を他者に譲渡し、譲渡を受けた者が新たな出版権設定を行うことも考えられる。以上のようなケースが想定される場合には、出版権の登録を行う意義がある。

　本条の規定趣旨は以上のとおりであるが、改正前まで出版権の登録が行われたケースは極めて少ない。年間数万点の新刊書籍が刊行される中、登録制度が始まってから現在に至るまでの登録件数は300件に満たず、制度の存続理由自体問われてもおかしくないところである。登録が極めて低調な理由は、いくつか考えられるが、登録1件あたりの登録免許税が3万円と高額なこと、登録にあたって出版契約書を添付する他著作者の実名や印税額まで届出を行わなければならないといったように登録自体がきわめて煩雑なこと、がその理由としてあげることができる。しかし、登録は二重契約の優劣を決することが目的であるのだから、登録が低調ということは、二重契約の優劣を登録の先後で決しなければならない事態がほとんど生じなかったということであろう。著者の二重契約に悩まされた出版者の強い要請により出版権規定が作られたとされているが、昭和初期の出版者より現代の出版者のほうが「お行儀がよく」なったのかもしれないし、出版者と著者が互いに顔を知った同士であり、人的な関係性の中で、先行出版者が泣き寝入りをしたり、出版者間や出版者と著者との力関係によって、法的な解決を図る前にトラブルがおさめられているのかもしれない。

　それでは、今回の改正後も本条の登録制度は利用されない状況が続くのであろうか。これに関しては、これまで出版権の対象外であった電子出版が制度の対象となったことに伴い、これまでの出版者とは異なる、新しいタイプの出版者が多数登場してくることが想定されることに注意しなければならない。そうすると登録の先後で契約の優劣を決するという「ドライな」制度がこれまでより遥かに受け入れられる可能性は否定できない。そうすると登録制度を使いやすくするような改正が必要となるが、登録免許税の額に変更はなく、出版権登録申請書類の記載事項から印税等の額の記載を除外する規則

改正が行われただけである。

　この状況に対し、出版者側では、出版者、取次事業者、書店団体等が加盟する団体である、一般社団法人日本出版インフラセンター（JPO）が「出版情報登録センター」を設立し、出版物の書誌情報や関連情報に加えて、出版権設定情報を登録し公開するシステムを稼働させることを検討している（2015年1月1日より稼働予定）。ここでの出版権設定情報は、当然のことながら本条の「登録」ではなく、対抗要件としても機能するものではない。しかし、このシステムが稼働することにより、どの著作物に出版権が設定されているのかが公開されることになるため、間接的に対抗関係の発生を抑止する効果が期待される。

》》3　附帯決議に見る出版権と海賊版対策

　平成26年改正は、第186回国会において、衆参両議院ともほぼ全会一致で可決されているが、今改正が出版文化の発展に資するのかという懸念を背景として、衆参の両委員会（衆議院文部科学委員会、参議院文教科学委員会）では、政府・参考人に対する質疑が行われた。そして、主だった質疑の内容をまとめた附帯決議が両議院の委員会で付されることになった。附帯決議は、出版権改正に関するものとしては8項目行われており、衆参ともほぼ同一の内容である。改正規定の理解に資すると考えられるため、以下参議院の附帯決議のうち、出版権改正に関するものについて説明する。

　また、下記1項で述べるように、今改正の主目的がインターネット上の海賊版対策にあったため、附帯決議の多くが、海賊版対策の実効性を確保するための方策に触れている。そこで、今改正と海賊版対策とがどのような関係にあるのか、ということについてもあわせて説明を行った。

一、　我が国の「知の再生産」や「日本文化の創造と伝搬」に貢献してきた日本の多様で豊かな出版・活字文化を、グローバル化やデジタル

化が進展する新しい時代においても一層発展させ、著作者の権利を保護しつつ、多様な著作物を多様な出版形態でより多くの国内外の利用者に届けていくことが重要であることに鑑み、真に実効性ある海賊版対策の実施など、本法により拡充された出版権制度の更なる利用促進に向けて必要な対策を講ずること。

　冒頭に掲げられた「知の再生産」や「日本文化の創造と伝搬」という言葉は多義的なものであり、立場によってさまざまな意味をもち得る。出版者の立場から見ると、出版業は民業として行われ、出版物を作って得た利益を、次の出版物作りに回すことによって継続的な出版活動が行われてきたのであり、このサイクルが適切に回ることによって、さまざまな出版物が世に送り出されていく。出版物が「知」の集積体だとすれば、それが繰り返し生産されていくことを「知の再生産」だと理解することになる。加えて、出版者は多くの場合「志」をもって創業し、採算を優先しない出版事業にも取り組んでいるが、これも利益が上がるサイクルが回っていることが前提となる。また、「文化」は形のないものであるが、これを出版物として「固定」することにより文化資産を蓄積し、多くの人々に伝えることができ、新たな文化の素地とすることができる。これが「日本文化の創造と伝搬」の意味するところだと理解することができるであろう。

　このような役割を果たしてきたのが「出版者」だとすれば、その役割は重要であり、グローバル化やデジタル化といった社会環境の変化にもかかわらず、重要なプレーヤーとしてその活動を行っていかなければならない。本章第1節2（143頁参照）で説明した「出版者の権利」とは、重要なプレーヤーに相応しい地位を保障するものであり、社会環境の変化に対しても「当事者」として関与できる法的位置付けであるとするのが、出版者の共通した認識であったということができる。本章第1節1（142頁参照）でも述べたように、出版者が繰り返し求めてきたのは、出版行為によって当然に獲得できる

権利であり、直近では著作隣接権としての権利であった。

　しかし、著作権者団体や経済界から、出版者が固有の権利者となることについての疑義が発せられ、出版権規定ができた時と同様の状況が生まれた。そこで、出版者の権利のあり方を具体化する中で、立法事実として注目されたのが、紙媒体出版物をスキャンして作成されアップロードされた「デジタル海賊版」対策であったことから、出版権がもつ対第三者効が海賊版対策となるという認識のもとに、出版権規定が生まれたのと同様に、ある種の妥協として、出版権規定の電子出版への拡張という今回の改正が行われたのである。この結果、出版権の効果としての「デジタル海賊版対策」という側面が過剰に強調されることになったのであり、このことは、附帯決議の3項から6項までもっぱら海賊版対策への言及が存在することに現れているといえる。

> 二　我が国が世界に誇る出版・活字文化は、著作者と出版を引き受ける者との間の信頼関係に基づく企画から編集、制作、宣伝、販売という一連のプロセスからなら出版事業がその基盤にあることを踏まえ、本法によって設定可能となる電子出版に係る出版権の下でも従前の出版事業が尊重されるよう、その具体的な契約及び運用の在り方を示して関係者に周知するとともに、その実務上の効果について一定期間後に具体的な検証を行い、必要に応じた見直しを検討すること。

　今改正前の79条では、「出版することを引き受ける者」の解釈（152頁）としては「自ら出版することを予定し、かつその能力を有する者」とすることが通説であり、本項もそれを前提とし、改正法でも出版権者となり得る者の位置付けに変化がないことを確認しているものである。

> 三　電子出版の流通の促進を図るためには、契約当事者間で適切な出版権設定を行いつつ、関係者の協力によって有効な海賊版対策を行う

> ことが必要不可欠であることから、これまで出版権設定が進んでこなかった雑誌等、複数の著作者によって構成される著作物などについても出版権設定が可能であることについて周知に努めるとともに、具体的な契約モデルの構築について関係者に対する支援を行うこと。また、物権的に細分化された出版権が設定された場合に、当該出版権が及ばない形態の海賊版が流通した場合には効果的な海賊版対策を行うことができないため、効果的な海賊版対策を講ずる観点から適切な出版権が設定されるよう推奨すること。

　出版権規定は、権利設定モデルとして、明らかに一人の著作者によって創作された一個の著作物を、一冊の出版物として出版することを想定している。契約実務も、このような出版物について出版権設定契約が行われ、雑誌出版物で出版権設定契約が行われることはなかったのである。

　ところが、海賊版対策を今改正の主目的とした以上、これまでより広い範囲で出版権設定契約が行われるようにならなければ、海賊版対策の実効性が上がらないことになりかねない。著作隣接権構成であれば、当然にすべての出版物に出版者の物権的権利が及ぶことになるため、このような問題は生じない。著作隣接権論者の立場からは、適切でない手段を選択したことにより、海賊版対策という目的達成のために、本来使われることが想定されていない領域まで、出版権設定という手段を奨励せざるを得なくなった、という評価となろう。

　第1章第10節（89頁参照）で説明した「雑協ガイドライン」が採用した、期間を限定した著作権譲渡のほうが、海賊版対策として合理的であり、実行が容易ではないかと思われる。著作権譲渡ではなく、電子出版に係る出版権である第二号出版権の設定というように改訂することも考えられるが、その方向で検討が進むかどうかは不明である。

> 四、 効果的な海賊版対策を講ずる観点から、著作者が契約締結時において電子書籍を出版する意思や計画がない場合であっても、紙媒体の出版と電子出版等を合わせて一体的な出版権の設定がなされることが想定されるが、その後、電子書籍の出版を希望するに至った場合において、著作者の意図に反して出版が行われず放置されるといったいわゆる塩漬け問題が生ずることのないよう、適切な対策を講ずること。

　出版権が対第三者効をもつことが、海賊版対策に役立つと考えられたのであるが、出版権侵害となるのは、出版権として設定された権利と抵触する海賊行為だけであり、紙媒体に係る出版権である第一号出版権のみが設定されている出版物に対する海賊行為となるのは、紙媒体の海賊版だけである。平成26年改正の立法事実となった「デジタル海賊版」は、公衆送信を目的として出版物をスキャン（複製）するものであり、頒布すなわち譲渡または貸与を目的とした複製をその権利内容とする第一号出版権と抵触しないことになる。つまり、最も問題となっていた海賊行為に対し、出版権はそのままでは活用できないのである。

　この事態に対応するためには、出版者は、同じ著作物について第二号出版権の設定を受け、公衆送信を権利内容とする出版権を得なければならない。このため、本項では「効果的な海賊版対策を講ずる観点から……一体的な出版権の設定がなされる」という言い方をしているのである。

　そして、海賊版対策を優先させるとすると、紙媒体出版物は手掛けるが、電子出版を行う予定がない出版者に対しても、第二号出版権の設定をしていく必要があるということになり、海賊版電子出版物対策のために正規版電子出版物の出版が行われない、という皮肉な事態が生じかねない。このことを「塩漬け問題」（塩漬けはこの問題には限られない）と呼び、適切な対策を求めているのが本項である。

3　附帯決議に見る出版権と海賊版対策

　文化庁では、「著作権者が紙媒体の出版を希望し、当面電子出版を見合わせたい場合においても、当事者間において（出版の）義務を柔軟に設定し、電子出版についての出版権を設定すること」ができるとし、「あらかじめ契約の中で、著作権者が電子出版を希望する場合には、出版権者と協議し期日を定めることができる旨を定めておくことも一つの方策」であるとしている[21]。しかし、海賊版対策のために、出版する予定のない領域まで権利設定を行うことは、本末転倒といえるのであり、書協ではあくまでも出版予定の有無に応じて、一体型のヒナ型、紙媒体用のヒナ型、電子配信用のヒナ型の使い分けを推奨している。

> 五、　電子的な海賊版については、一たびインターネット等で公衆送信が行われればもはや完全に差し止めることは困難であり、甚大な被害が生じてしまうことから、電子出版に係る出版権しか持たない出版者においても、違法配信目的で複製がなされた場合には、第112条第1項の「出版権を侵害するおそれがある場合」としてその段階で差止請求を行うことができることを出版者に対し周知すること。

　電子出版に係る出版権である第二号出版権が、その権利内容として公衆送信権の専有を定め、送信される著作物の複製物を複製する権利を含まなかったことから、送信を目的とした複製を権利侵害として把握できるのかどうか、という疑問が生じた。本項はこれに関し、侵害のおそれに対しての予防措置として、差止請求権を行使し得ることを周知させることを求めたものである。

> 六、　出版権者及び著作権者による海賊版対策の取組の状況を踏まえ、紙媒体の出版についてのみ出版権の設定を受けている出版権者であっ

21　文化庁ホームページ・前掲〈注4〉〈注9〉

> ても、インターネット上の海賊版又はDVD等の記録媒体等による海賊版に対し差止請求を行うことができる契約慣行の改善や「みなし侵害規定」等の制度的対応など効果的な海賊版対策について検討すること。

　4項で説明した問題点は、立法者自身も認識しているところであり、本項は、今改正のための審議会でも議論された「みなし侵害規定」等の制度的対応などを、必要に応じて検討していくことを求めたものである。「みなし侵害規定」（法113条）は、直接的に侵害行為を構成するものではないが、権利者の利益を損なうものであることに鑑み、一定の行為については侵害であるとみなすことを定めた規定である。みなし侵害として差止請求等を行使できるものは、権利の拡張という側面を有することから、慎重論が多く、今改正では見送られたものである。海賊版対策を主目的とする改正であるならば、最初から導入を検討すべきであったと思われる。

> 七、　海賊版については、日本国外での被害が圧倒的多数であることから、その対策強化を図るための国際的な提携・協力の強化など、海外での不正流通取締対策に積極的に取り組むとともに、出版物の正規版の海外流通の促進に向けて官民挙げた取組を推進すること。

　書協ヒナ型出版契約書（73頁参照）24条で述べたように、中小事業者が圧倒的多数を占める日本の出版事業者にとって、個々の努力のみによって海賊版対策を行っていくことは非現実的だと言える。平成26年度でも、出版関連団体で設置した出版物海賊版対策会議を中心として、一般社団法人コンテンツ海外流通推進機構（CODA）における、大規模削除要請プログラム実証実験への複数の出版者が参加し、具体的な成果をあげつつある。

> 八、 本法によって、多様な形態の出版権設定が行われる可能性があることから、著作物における出版権設定の詳細を明らかにするため、将来的な利活用の促進も視野に入れつつ、出版権の登録・管理制度等を早急に整備するため、具体的な検討に着手すること。また、当事者間の契約上の紛争予防及び紛争が発生した際の円満な解決の促進を目指し、出版契約における裁判外紛争解決手段（ADR）を創設すべく、必要な措置を講ずること。

電子出版物を含めた出版物の流通においては、書誌情報の整備が必須であり、出版流通に携わるさまざまな当事者が、さまざまな目的で書誌情報を整備・蓄積してきた。このような状況はそれなりの合理性があって生じたものであるが、書誌情報が統一性を欠き散在している状況は決して好ましいものではない。また、出版権をはじめとする出版物の権利情報も、公開されることはなく、文化庁の出版権登録制度もおよそ使われているという状態ではないが、出版が紙媒体にとどまっている時代であればともかく、多様な形態が想定される電子出版の領域では、出版に関する権利の所在を明確にしておくことは、著作物の円滑な流通に資するということができるであろう。本項はその趣旨を述べたものと理解されるものであり、一般社団法人日本出版インフラセンター（JPO）を中心として、権利情報を含めた書誌情報の一元化に向けた取組みが開始されている。

また、個々の出版の経済規模は小さいものが多いことから、紛争が生じた場合も、訴訟等の法的手続に乗りにくいという状況が存在している。このような状況は力の弱い者に泣き寝入りを強いるものともいえるのであり、ADRの創設が求められたものである。そこで、著作者と出版者が協力して運営している一般社団法人出版物貸与権管理センター（RRAC）が運営を受託する形で出版ADRの創設準備が進められている。

付録

〔付録1〕 書協2015年版　出版権設定契約書ヒナ型１（紙媒体・電子出版一括設定用）

(一般社団法人　日本書籍出版協会作成　2015)

出版契約書

著作物名　　　　　　　　　　　　　　　　　　　　　　　　

著作者名　　　　　　　　　　　　　　　　　　　　　　　　

著作権者名　　　　　　　　　　　　　　　　　　　　　　　

_____（以下「甲」という）と_____（以下「乙」という）とは、上記著作（以下「本著作物」という）に係る出版その他の利用等につき、以下のとおり合意する。

　　　　　　　　　　　　　　　　　　　　年　　　月　　　日

　　甲（著作権者）

　　　　住　所

　　　　氏　名　　　　　　　　　　　　　　　　　　印

　　乙（出版権者）

　　　　住　所

　　　　氏　名　　　　　　　　　　　　　　　　　　印

第1条（出版権の設定）
(1) 甲は、本著作物の出版権を乙に対して設定する。
(2) 乙は、本著作物に関し、日本を含むすべての国と地域において、第2条第1項第1号から第3号までに記載の行為を行う権利を専有する。
(3) 甲は、乙が本著作物の出版権の設定を登録することを承諾する。

第2条（出版権の内容）
(1) 出版権の内容は、以下の第1号から第3号までのとおりとする。なお、以下の第1号から第3号までの方法により本著作物を利用することを「出版利用」といい、出版利用を目的とする本著作物の複製物を「本出版物」という。

①紙媒体出版物（オンデマンド出版を含む）として複製し、頒布すること

②DVD-ROM、メモリーカード等の電子媒体（将来開発されるいかなる技術によるものをも含む）に記録したパッケージ型電子出版物として複製し、頒布すること

③電子出版物として複製し、インターネット等を利用し公衆に送信すること（本著作物のデータをダウンロード配信すること、ストリーミング配信等で閲覧させること、および単独で、または他の著作物と共にデータベースに格納し検索・閲覧に供することを含むが、これらに限られない）

(2) 前項第2号および第3号の利用においては、電子化にあたって必要となる加工・改変等を行うこと、見出し・キーワード等を付加すること、プリントアウトを可能とすること、および自動音声読み上げ機能による音声化利用を含むものとする。

(3) 甲は、第1項（第1号についてはオンデマンド出版の場合に限る）の利用に関し、乙が第三者に対し、再許諾することを承諾する。

第3条（甲の利用制限）
(1) 甲は、本契約の有効期間中、本著作物の全部または一部と同一もしくは明らかに類似すると認められる内容の著作物および同一題号の著作物について、前条に定める方法による出版利用を、自ら行わず、かつ第三者をして行わせない。

(2) 前項にかかわらず、甲が本著作物の全部または一部を、甲自らのホーム

ページ（ブログ、メールマガジン等を含む。また甲が所属する組織が運営するもの、あるいは他の学会、官公庁、研究機関、情報リポジトリ等が運営するものを含む）において利用しようとする場合には、甲は事前に乙に通知し、乙の同意を得なければならない。
⑶ 甲が、本契約の有効期間中に、本著作物を著作者の全集・著作集等に収録して出版する場合には、甲は事前に乙に通知し、乙の同意を得なければならない。

第4条（著作物利用料の支払い）

⑴ 乙は、甲に対し、本著作物の出版利用に関し、別掲のとおり発行部数等の報告および著作物利用料の支払いを行う。

⑵ 乙が、本出版物を納本、贈呈、批評、宣伝、販売促進、業務等に利用する場合（＿＿＿部を上限とする）、および本著作物の全部または一部を同様の目的で電子的に利用する場合については、著作物利用料が免除される。

第5条（本出版物の利用）

⑴ 甲は、本契約の有効期間中のみならず終了後であっても、本出版物の版面を利用した印刷物の出版または本出版物の電子データもしくは本出版物の制作過程で作成されるデータの利用を、乙の事前の書面による承諾なく行わず、第三者をして行わせない。

⑵ 前項の規定は、甲の著作権および甲が乙に提供した原稿（電磁的記録を含む）の権利に影響を及ぼすものではない。

第6条（権利処理の委任）

⑴ 本著作物が以下の方法で利用される場合、甲はその権利処理を乙に委任し、乙はその具体的条件に関して甲と協議のうえ決定する。
　①本出版物のうち紙媒体出版物の複製（複写により生じた複製物の譲渡および公衆送信ならびに電子的利用を含む）
　②本出版物のうち紙媒体出版物の貸与

⑵ 甲は、前項各号の利用に係る権利処理については、乙が著作権等管理事業法に基づく登録管理団体へ委託することを承諾する。

第7条（著作者人格権の尊重）

乙は、本著作物の内容・表現または書名・題号等に変更を加える必要が生じた場合には、あらかじめ著作者の承諾を得なければならない。

第8条（発行の期日と方法）

(1) 乙は、本著作物の完全原稿の受領後＿＿＿ヵ月以内に、第2条第1項第1号から第3号までの全部またはいずれかの形態で出版を行う。ただし、やむを得ない事情があるときは、甲乙協議のうえ出版の期日を変更することができる。また、乙が本著作物が出版に適さないと判断した場合には、乙は、本契約を解除することができる。

(2) 乙は、第2条第1項第1号および第2号の場合の価格、造本、製作部数、増刷の時期、宣伝方法およびその他の販売方法、ならびに同条同項第3号の場合の価格、宣伝方法、配信方法および利用条件等を決定する。

第9条（贈呈部数）

(1) 乙は、本出版物の発行にあたり、紙媒体出版物（オンデマンド出版を除く）の場合は初版第一刷の際に＿＿＿部、増刷のつど＿＿＿部を甲に贈呈する。その他の形態の出版物については、甲乙協議して決定する。

(2) 甲が寄贈等のために紙媒体出版物（オンデマンド出版を除く）を乙から直接購入する場合、乙は、本体価格の＿＿＿％で提供するものとする。

第10条（増刷の決定および通知義務等）

(1) 乙は、本出版物のうち紙媒体出版物の増刷を決定した場合には、あらかじめ甲および著作者にその旨通知する。

(2) 乙は、前項の増刷に際し、著作者からの修正増減の申入れがあった場合には、甲と協議のうえ通常許容しうる範囲でこれを行う。

(3) 乙は、オンデマンド出版にあっては、著作者からの修正増減の申入れに対しては、その時期および方法について甲と協議のうえ決定する。電子出版物（パッケージ型を含む）についても同様とする。

第11条（改訂版・増補版等の発行）

本著作物の改訂または増補等を行う場合は、甲乙協議のうえ決定する。

第12条（契約の有効期間）

本契約の有効期間は、契約の日から満＿＿＿ヵ年とする。また、本契約の期間満了の3ヵ月前までに、甲乙いずれかから書面をもって終了する旨の通告がないときは、本契約は、同一の条件で自動的に継続され、有効期間を＿＿＿ヵ年延長し、以降も同様とする。

第13条（契約終了後の頒布等）

(1) 乙は、本契約の期間満了による終了後も、著作物利用料の支払いを条件

として、本出版物の在庫に限り販売することができる。
(2) 本契約有効期間中に第2条第1項第3号の読者に対する送信がなされたものについて、乙（第2条第3項の再許諾を受けた第三者を含む）は、当該読者に対するサポートのために本契約期間満了後も、送信を行うことができる。

第14条（締結についての保証）
甲は、乙に対し、甲が本著作物の著作権者であって、本契約を有効に締結する権限を有していることを保証する。

第15条（内容についての保証）
(1) 甲は、乙に対し、本著作物が第三者の著作権、肖像権その他いかなる権利をも侵害しないことおよび、本著作物につき第三者に対して出版権、質権を設定していないことを保証する。
(2) 本著作物により権利侵害などの問題を生じ、その結果乙または第三者に対して損害を与えた場合は、甲は、その責任と費用負担においてこれを処理する。

第16条（二次的利用）
本契約の有効期間中に、本著作物が翻訳・ダイジェスト等、演劇・映画・放送・録音・録画等、その他二次的に利用される場合、甲はその利用に関する処理を乙に委任し、乙は具体的条件について甲と協議のうえ決定する。

第17条（権利義務の譲渡禁止）
甲および乙は、本契約上の地位ならびに本契約から生じる権利・義務を相手方の事前の書面による承諾無くして第三者に譲渡し、または担保に供してはならない。

第18条（不可抗力等の場合の処置）
地震、水害、火災その他不可抗力もしくは甲乙いずれの責めにも帰せられない事由により本著作物に関して損害を被ったとき、または本契約の履行が困難と認められるにいたったときは、その処置については甲乙協議のうえ決定する。

第19条（契約の解除）
甲または乙は、相手方が本契約の条項に違反したときは、相当の期間を定めて書面によりその違反の是正を催告し、当該期間内に違反が是正されない場合には本契約の全部または一部を解除することができる。

第20条(秘密保持)

甲および乙は、本契約の締結・履行の過程で知り得た相手方の情報を、第三者に漏洩してはならない。

第21条(個人情報の取扱い)

(1) 乙は、本契約の締結過程および出版業務において知り得た個人情報について、個人情報保護法(個人情報の保護に関する法律)の趣旨に則って取扱う。なお、出版に付随する業務目的で甲の個人情報を利用する場合は、あらかじめ甲の承諾を得ることとする。

(2) 甲は、乙が本出版物の製作・宣伝・販売等を行うために必要な情報(出版権・書誌情報の公開を含む)を自ら利用し、または第三者に提供することを認める。ただし、著作者の肖像・経歴等の利用については、甲乙協議のうえその取扱いを決定する。

第22条(契約内容の変更)

本契約の内容について、追加、削除その他変更の必要が生じても、甲乙間の書面による合意がない限りは、その効力を生じない。

第23条(契約の尊重)

甲乙双方は、本契約を尊重し、解釈を異にしたとき、または本契約に定めのない事項については、誠意をもって協議し、その解決にあたる。

第24条(著作権等の侵害に対する対応)

第三者により本著作物の著作権が侵害された場合、または本契約に基づく甲または乙の権利が侵害された場合には、甲乙は協力して合理的な範囲で適切な方法により、これに対処する。

第25条(特約条項)

本契約書に定める条項以外の特約は、別途特約条項に定めるとおりとする。

(別掲)著作物利用料等について

著作物利用料	部数等の報告、支払方法およびその時期
本出版物について 　実売部数1部ごとに	保証金の支払いについて

付録1　書協2015年版

保証部数　　　　　　部　　　　保証金額　　　　　　円		保証分を超えた分の支払いについて
本出版物について　　*発行部数1部ごとに*		
電子出版について		

以上

〔付録2〕 書協2015年版 出版権設定契約書ヒナ型2（紙媒体出版設定用）

(一般社団法人　日本書籍出版協会作成　2015)

出版契約書（紙媒体）

著作物名　_____

著作者名　_____

著作権者名　_____

_____（以下「甲」という）と_____（以下「乙」という）とは、上記著作物（以下「本著作物」という）に係る出版その他の利用等につき、以下のとおり合意する。

_____年_____月_____日

　　甲（著作権者）

　　　　住　所

　　　　氏　名　　　　　　　　　　　　　　　印

　　乙（出版権者）

　　　　住　所

　　　　氏　名　　　　　　　　　　　　　　　印

第1条（出版権の設定）
 (1) 甲は、本著作物の出版権を乙に対して設定する。
 (2) 乙は、本著作物に関し、日本を含むすべての国と地域において、第2条第1項に記載の行為を行う権利を専有する。
 (3) 甲は、乙が本著作物の出版権の設定を登録することを承諾する。

第2条（出版権の内容）
 (1) 出版権の内容は、本著作物を紙媒体出版物（オンデマンド出版を含む）として複製し、頒布することとする。なお、それらの方法により本著作物を利用することを「出版利用」といい、出版利用を目的とする本著作物の複製物を「本出版物」という。
 (2) 甲は、乙に対し、本出版物の宣伝または販売促進を目的とする場合に限り、本著作物をインターネット等を利用し公衆に送信することを許諾する。
 (3) 甲は、オンデマンド出版としての利用に限り、乙が第三者に対し、再許諾することを承諾する。

第3条（甲の利用制限）
 (1) 甲は、本契約の有効期間中、本著作物の全部または一部と同一もしくは明らかに類似すると認められる内容の著作物および同一題号の著作物について、前条に定める方法による出版利用を、自ら行わず、かつ第三者をして行わせない。
 (2) 前項にかかわらず、甲が本著作物の全部または一部を、甲自らのホームページ（ブログ、メールマガジン等を含む。また甲が所属する組織が運営するもの、あるいは他の学会、官公庁、研究機関、情報リポジトリ等が運営するものを含む）において利用しようとする場合には、甲は事前に乙に通知し、乙の同意を得なければならない。
 (3) 甲が、本契約の有効期間中に、本著作物を著作者の全集・著作集等に収録して出版する場合には、甲は事前に乙に通知し、乙の同意を得なければならない。
 (4) 本著作物の電子出版としての利用については、甲は乙に対し、優先的に許諾を与え、その具体的条件は甲乙別途協議のうえ定める。

第4条（著作物利用料の支払い）

(1) 乙は、甲に対し、本著作物の出版利用に関し、別掲のとおり発行部数等の報告および著作物利用料の支払いを行う。

(2) 乙が、本出版物を納本、贈呈、批評、宣伝、販売促進、業務等に利用する場合（＿＿＿部を上限とする）、および本著作物の全部または一部を宣伝の目的で公衆に送信する場合については、著作物利用料が免除される。

第5条（本出版物の利用）

(1) 甲は、本契約の有効期間中のみならず終了後であっても、本出版物の版面を利用した印刷物の出版または本出版物の電子データもしくは本出版物の制作過程で作成されるデータの利用を、乙の事前の書面による承諾なく行わず、第三者をして行わせない。

(2) 前項の規定は、甲の著作権および甲が乙に提供した原稿（電磁的記録を含む）の権利に影響を及ぼすものではない。

第6条（権利処理の委任）

(1) 本著作物が以下の方法で利用される場合、甲はその権利処理を乙に委任し、乙はその具体的条件に関して甲と協議のうえ決定する。

①本出版物の複製（複写により生じた複製物の譲渡および公衆送信ならびに電子的利用を含む）

②本出版物の貸与

(2) 甲は、前項各号の利用に係る権利処理については、乙が著作権等管理事業法に基づく登録管理団体へ委託することを承諾する。

第7条（著作者人格権の尊重）

乙は、本著作物の内容・表現または書名・題号等に変更を加える必要が生じた場合には、あらかじめ著作者の承諾を得なければならない。

第8条（発行の期日と方法）

(1) 乙は、本著作物の完全原稿の受領後＿＿＿ヵ月以内に出版を行う。ただし、やむを得ない事情があるときは、甲乙協議のうえ出版の期日を変更することができる。また、乙が本著作物が出版に適さないと判断した場合には、乙は、本契約を解除することができる。

(2) 乙は、価格、造本、製作部数、増刷の時期、宣伝方法およびその他の販売方法を決定する。

第9条（贈呈部数）

(1) 乙は、本出版物の発行にあたり、初版第一刷の際に＿＿＿部、増刷のつど

＿＿＿部を甲に贈呈する。オンデマンド出版については、甲乙協議のうえ決定する。

⑵　甲が寄贈等のために紙媒体出版物（オンデマンド出版を除く）を乙から直接購入する場合、乙は、本体価格の＿＿＿％で提供するものとする。

第10条（増刷の決定および通知義務等）

⑴　乙は、本出版物のうち紙媒体出版物の増刷を決定した場合には、あらかじめ甲および著作者にその旨通知する。

⑵　乙は、前項の増刷に際し、著作者からの修正増減の申入れがあった場合には、甲と協議のうえ通常許容しうる範囲でこれを行う。

⑶　乙は、オンデマンド出版にあっては、著作者からの修正増減の申入れに対しては、その時期および方法について甲と協議のうえ決定する。

第11条（改訂版・増補版等の発行）

　　本著作物の改訂または増補等を行う場合は、甲乙協議のうえ決定する。

第12条（契約の有効期間）

　　本契約の有効期間は、契約の日から満＿＿＿ヵ年とする。また、本契約の期間満了の3ヵ月前までに、甲乙いずれかから書面をもって終了する旨の通告がないときは、本契約は、同一の条件で自動的に継続され、有効期間を＿＿＿ヵ年延長し、以降も同様とする。

第13条（契約終了後の頒布等）

　　乙は、本契約の期間満了による終了後も、著作物利用料の支払いを条件として、本出版物の在庫に限り販売することができる。

第14条（締結についての保証）

　　甲は、乙に対し、甲が本著作物の著作権者であって、本契約を有効に締結する権限を有していることを保証する。

第15条（内容についての保証）

⑴　甲は、乙に対し、本著作物が第三者の著作権、肖像権その他いかなる権利をも侵害しないこと、および本著作物につき第三者に対して出版権、質権を設定していないことを保証する。

⑵　本著作物により権利侵害などの問題を生じ、その結果乙または第三者に対して損害を与えた場合は、甲は、その責任と費用負担においてこれを処理する。

第16条（二次的利用）

本契約の有効期間中に、本著作物が翻訳・ダイジェスト等、演劇・映画・放送・録音・録画等、その他二次的に利用される場合、甲はその利用に関する処理を乙に委任し、乙は具体的条件について甲と協議のうえ決定する。

第17条（権利義務の譲渡禁止）

甲および乙は、本契約上の地位ならびに本契約から生じる権利・義務を相手方の事前の書面による承諾無くして第三者に譲渡し、または担保に供してはならない。

第18条（不可抗力等の場合の処置）

地震、水害、火災その他不可抗力もしくは甲乙いずれの責めにも帰せられない事由により本著作物に関して損害を被ったとき、または本契約の履行が困難と認められるにいたったときは、その処置については甲乙協議のうえ決定する。

第19条（契約の解除）

甲または乙は、相手方が本契約の条項に違反したときは、相当の期間を定めて書面によりその違反の是正を催告し、当該期間内に違反が是正されない場合には本契約の全部または一部を解除することができる。

第20条（秘密保持）

甲および乙は、本契約の締結・履行の過程で知り得た相手方の情報を、第三者に漏洩してはならない。

第21条（個人情報の取扱い）

(1) 乙は、本契約の締結過程および出版業務において知り得た個人情報について、個人情報保護法（個人情報の保護に関する法律）の趣旨に則って取扱う。なお、出版に付随する業務目的で甲の個人情報を利用する場合は、あらかじめ甲の承諾を得ることとする。

(2) 甲は、乙が本出版物の製作・宣伝・販売等を行うために必要な情報（出版権・書誌情報の公開を含む）を自ら利用し、または第三者に提供することを認める。ただし、著作者の肖像・経歴等の利用については、甲乙協議のうえその取扱いを決定する。

第22条（契約内容の変更）

本契約の内容について、追加、削除その他変更の必要が生じても、甲乙間の書面による合意がない限りは、その効力を生じない。

第23条（契約の尊重）

甲乙双方は、本契約を尊重し、解釈を異にしたとき、または本契約に定めのない事項については、誠意をもって協議し、その解決にあたる。

第24条（著作権等の侵害に対する対応）

第三者により本著作物の著作権が侵害された場合、または本契約に基づく甲または乙の権利が侵害された場合には、甲乙は協力して合理的な範囲で適切な方法により、これに対処する。

第25条（特約条項）

本契約書に定める条項以外の特約は、別途特約条項に定めるとおりとする。

（別掲）著作物利用料等について

著作物利用料	部数等の報告、支払方法およびその時期
本出版物について 　実売部数1部ごとに 　保証部数　　　　　　部 　保証金額　　　　　　円	保証金の支払いについて 保証分を超えた分の支払いについて
本出版物について 　*発行部数1部ごとに*	

以上

〔付録3〕 書協2015年版　出版権設定契約書ヒナ型3（配信型電子出版設定用）

(一般社団法人　日本書籍出版協会作成　2015)

出版契約書（電子配信）

著作物名 _____

著作者名 _____

著作権者名 _____

_____（以下「甲」という）と_____（以下「乙」という）とは、上記著作物（以下「本著作物」という）に係る出版その他の利用等につき、以下のとおり合意する。

　　　____年____月____日

甲（著作権者）

　　住　所

　　氏　名　　　　　　　　　　　　　　　印

乙（出版権者）

　　住　所

　　氏　名　　　　　　　　　　　　　　　印

第1条（出版権の設定）
⑴ 甲は、本著作物の出版権を乙に対して設定する。
⑵ 乙は、本著作物に関し、日本を含むすべての国と地域において、第2条第1項に記載の行為を行う権利を専有する。
⑶ 甲は、乙が本著作物の出版権の設定を登録することを承諾する。

第2条（出版権の内容）
⑴ 出版権の内容は、本著作物を、電子出版物として複製し、インターネット等を利用し公衆に送信する（本著作物のデータをダウンロード配信すること、ストリーミング配信等で閲覧させること、および単独で、または他の著作物と共にデータベースに格納し検索・閲覧に供することを含むが、これらに限られない）こととする。なお、それらの方法により本著作物を利用することを「出版利用」といい、出版利用を目的とする本著作物の複製物を「本出版物」という。
⑵ 前項の利用においては、電子化にあたって必要となる加工・改変等を行うこと、見出し・キーワード等を付加すること、プリントアウトを可能とすること、および自動音声読み上げ機能による音声化利用を含むものとする。
⑶ 甲は、第1項の利用に関し、乙が第三者に対し、再許諾することを承諾する。

第3条（甲の利用制限）
⑴ 甲は、本契約の有効期間中、本著作物の全部または一部と同一もしくは明らかに類似すると認められる内容の著作物および同一題号の著作物について、前条に定める方法による出版利用を、自ら行わず、かつ第三者をして行わせない。
⑵ 前項にかかわらず、甲が本著作物の全部または一部を、甲自らのホームページ（ブログ、メールマガジン等を含む。また甲が所属する組織が運営するもの、あるいは他の学会、官公庁、研究機関、情報リポジトリ等が運営するものを含む）において利用しようとする場合には、甲は事前に乙に通知し、乙の同意を得なければならない。
⑶ 甲が、本契約の有効期間中に、本著作物を著作者の全集・著作集等に収録して出版する場合には、甲は事前に乙に通知し、乙の同意を得なけれ

ばならない。
(4) 本著作物の紙媒体出版としての利用またはDVD-ROM、メモリーカード等の電子媒体（将来開発されるいかなる技術によるものをも含む）に記録したパッケージ型電子出版としての利用については、甲は乙に対し、優先的に許諾を与え、その具体的条件は甲乙別途協議のうえ定める。

第4条（著作物利用料の支払い）
(1) 乙は、甲に対し、本著作物の出版利用に関し、別掲のとおり部数等の報告および著作物利用料の支払いを行う。
(2) 乙が、本著作物の全部または一部を納本、贈呈、批評、宣伝、販売促進、業務等の目的で電子的に利用する場合については、著作物利用料が免除される。

第5条（本出版物の利用）
(1) 甲は、本契約の有効期間中のみならず終了後であっても、本出版物の電子データもしくは本出版物の制作過程で作成されるデータの利用を、乙の事前の書面による承諾なく行わず、第三者をして行わせない。
(2) 前項の規定は、甲の著作権および甲が乙に提供した原稿（電磁的記録を含む）の権利に影響を及ぼすものではない。

第6条（著作者人格権の尊重）
乙は、本著作物の内容・表現または書名・題号等に変更を加える必要が生じた場合には、あらかじめ著作者の承諾を得なければならない。

第7条（発行の期日と方法）
(1) 乙は、本著作物の完全原稿の受領後＿＿＿ヵ月以内に、第2条第1項の全部またはいずれかの形態で出版を行う。ただし、やむを得ない事情があるときは、甲乙協議のうえ出版の期日を変更することができる。また、乙が本著作物が出版に適さないと判断した場合には、乙は、本契約を解除することができる。
(2) 乙は、価格、宣伝方法、配信方法および利用条件等を決定する。

第8条（修正増減への対応）
著作者からの修正増減の申入れに対しては、その時期および方法について甲乙協議のうえ決定する。

第9条（改訂版・増補版等の発行）
本著作物の改訂または増補等を行う場合は、甲乙協議のうえ決定する。

第10条（契約の有効期間）

本契約の有効期間は、契約の日から満＿＿ヵ年とする。また、本契約の期間満了の3ヵ月前までに、甲乙いずれかから書面をもって終了する旨の通告がないときは、本契約は、同一の条件で自動的に継続され、有効期間を＿＿ヵ年延長し、以降も同様とする。

第11条（契約終了後の送信）

本契約有効期間中に読者に対する送信がなされたものについて、乙（第2条第3項の再許諾を受けた第三者を含む）は、当該読者に対するサポートのために本契約期間満了後も、送信を行うことができる。

第12条（締結についての保証）

甲は、乙に対し、甲が本著作物の著作権者であって、本契約を有効に締結する権限を有していることを保証する。

第13条（内容についての保証）

(1) 甲は、乙に対し、本著作物が第三者の著作権、肖像権その他いかなる権利をも侵害しないこと、および本著作物につき第三者に対して出版権、質権を設定していないことを保証する。

(2) 本著作物により権利侵害などの問題を生じ、その結果乙または第三者に対して損害を与えた場合は、甲は、その責任と費用負担においてこれを処理する。

第14条（二次的利用）

本契約の有効期間中に、本著作物が翻訳・ダイジェスト等、演劇・映画・放送・録音・録画等、その他二次的に利用される場合、甲はその利用に関する処理を乙に委任し、乙は具体的条件について甲と協議のうえ決定する。

第15条（権利義務の譲渡禁止）

甲および乙は、本契約上の地位ならびに本契約から生じる権利・義務を相手方の事前の書面による承諾無くして第三者に譲渡し、または担保に供してはならない。

第16条（不可抗力等の場合の処置）

地震、水害、火災その他不可抗力もしくは甲乙いずれの責めにも帰せられない事由により本著作物に関して損害を被ったとき、または本契約の履行が困難と認められるにいたったときは、その処置については甲乙協議のうえ決定する。

第17条（契約の解除）

甲または乙は、相手方が本契約の条項に違反したときは、相当の期間を定めて書面によりその違反の是正を催告し、当該期間内に違反が是正されない場合には本契約の全部または一部を解除することができる。

第18条（秘密保持）

甲および乙は、本契約の締結・履行の過程で知り得た相手方の情報を、第三者に漏洩してはならない。

第19条（個人情報の取扱い）

(1) 乙は、本契約の締結過程および出版業務において知り得た個人情報について、個人情報保護法（個人情報の保護に関する法律）の趣旨に則って取扱う。なお、出版に付随する業務目的で甲の個人情報を利用する場合は、あらかじめ甲の承諾を得ることとする。

(2) 甲は、乙が本出版物の製作・宣伝・販売等を行うために必要な情報（出版権・書誌情報の公開を含む）を自ら利用し、または第三者に提供することを認める。ただし、著作者の肖像・経歴等の利用については、甲乙協議のうえその取扱いを決定する。

第20条（契約内容の変更）

本契約の内容について、追加、削除その他変更の必要が生じても、甲乙間の書面による合意がない限りは、その効力を生じない。

第21条（契約の尊重）

甲乙双方は、本契約を尊重し、解釈を異にしたとき、または本契約に定めのない事項については、誠意をもって協議し、その解決にあたる。

第22条（著作権等の侵害に対する対応）

第三者により本著作物の著作権が侵害された場合、または本契約に基づく甲または乙の権利が侵害された場合には、甲乙は協力して合理的な範囲で適切な方法により、これに対処する。

第23条（特約条項）

本契約書に定める条項以外の特約は、別途特約条項に定めるとおりとする。

付録3　書協2015年版

（別掲）著作物利用料等について

著作物利用料	部数等の報告、支払方法およびその時期
電子出版について	

以上

〔付録4〕　書協二次出版用ヒナ型　出版契約書〈二次出版用〉(著作権者―出版権者―二次出版者の三者契約)

出 版 契 約 書

著作者名　_____

著作物名　_____

著作権者名　_____

　上記著作物（以下「本著作物」という）を　　　　　　　　　として出版（以下「二次出版」という）することについて、
著作権者　　　　　　　　　　　　　　　　を甲とし、
出版権者　　　　　　　　　　　　　　　　を乙とし、
二次出版者　　　　　　　　　　　　　　　を丙として、
三者の間に次のとおり契約する。

　　　　　年　　月　　日
　　甲　　住所
　　　　　氏名　　　　　　　　　　　　㊞

　　乙　　住所
　　　　　名称
　　　　　氏名　　　　　　　　　　　　㊞

　　丙　　住所
　　　　　名称
　　　　　氏名　　　　　　　　　　　　㊞

第1条（二次出版の許諾）甲は、甲乙同意のうえ、丙が本著作物を二次出版す

ることを許諾する。
第2条（使用の範囲）丙は、二次出版において、本著作物およびその題号を変更することなく使用するものとする。
　２．前項の規定にかかわらず、丙が二次出版において本著作物またはその題号を変更することを希望する場合には、あらかじめ著作者および乙の文書による承諾を必要とする。
第3条（定価・造本・部数等）丙は、二次出版において次のとおり予定する。
　　定　　価

　　造　　本

　　発行部数

　　発行期日

　２．丙は、甲および乙に対し、二次出版物発行の都度、発行部数を通知する。
第4条（Ⓒ表示および出版権者の明示）丙は、甲および乙の権利保全のために、二次出版物の所定の位置にⒸを表示し、適当の個所に乙の名称等必要事項を明示する。
第5条（使用料）丙は、本著作物の著作権使用料および出版権使用料として、次のとおり支払う。
　①　甲に対し
　　支払金額

　　支払方法・時期

　②　乙に対し
　　支払金額

　　支払方法・時期

第6条（贈呈部数）丙は、二次出版物の初版第1刷発行の際に、甲に対し　　　部、乙に対し　　　部、増刷に際してはその都度、甲に対し　　　部、乙に対し　　　部を贈呈する。

第7条（複写）甲は、本二次出版物の版面を利用する本著作物の複写（コピー）に係る権利の管理を丙に委託する。丙は、かかる権利の管理を丙が指定する者に委託することができる。甲は、丙が指定した者が、かかる権利の管理をその規約において定めるところに従い再委託することについても承諾する。

第8条（二次的著作物への使用等）丙は、第三者に対し本著作物の利用について許諾することができない。

2．丙が第三者から本著作物の二次的著作物（翻訳・ダイジェスト・映画・テレビ化等）への使用について申し出を受けた場合は、丙は乙に連絡し、乙は甲と協議のうえその処理にあたる。

第9条（契約の有効期間等）この契約の有効期間は、契約締結の日から　　　年　　　月　　　日までとする。

2．この契約の有効期間中、乙は、乙が出版する本著作物の増刷を留保することができる。

第10条（契約の延長）この契約の有効期間満了までに、甲乙丙三者合意のうえ契約を延長することができる。

第11条（契約の尊重）甲乙丙三者は、互にこの契約を尊重し、この契約を定める事項について疑義を生じたとき、またはこの契約に定めのない事項について意見を異にしたときは、誠意をもってその解決にあたる。

上記の契約を証するため、同文3通を作り、甲乙丙記名捺印のうえ、各1通を所持する。

（社団法人日本書籍出版協会作成）

〔付録5〕 出版契約に関する実態調査 調査結果（抄）

2011.6

社団法人　日本書籍出版協会

◎調査依頼社数　455社（日本書籍出版協会会員社）
◎回 答 者 数　105社（回答率　22.1％）
◎調査実施期間　2011年4〜5月

Ⅰ　貴社の出版活動について

過去1年間（直近1年間）の書籍出版点数
新刊　19,223点（2006年：13,676点）
重版　28,173点（2006年：27,918点）

Ⅱ　出版契約について

(1) 過去1年間の新刊書籍の分野別の点数。また、それらのうち、書面による出版契約書を著者と取り交わした点数（翻訳書については、翻訳者との契約の件数）

	出版点数	契約点数	割合
全　体	18,355	13,452	73.3

※分野別の新刊・契約点数は未記入の社があるので下記合計および割合は、上記全体とは整合しない。

分野	出版点数	契約点数	割合（％）
総記・事典	142	64	45.1
人文（哲学・歴史地理）	1,008	486	48.2
社会科学	2,836	1,735	61.2
自然科学	1,221	924	75.7

調査結果(抄)(2011年6月　書協)

工学工業産業	560	499	89.1
趣味実用芸術	1,645	908	55.2
語学辞典	274	217	79.2
文学	2,782	942	33.9
児童	1,368	600	43.9
学参	1,010	65	6.4
コミック	3,282	1,337	40.7
その他	302	114	37.7
上記のうち			
文庫	2,751	1,145	41.6
新書	1,038	633	61.0
翻訳書	665	552	83.0

(2) 使用している出版契約書　※複数回答
　a．日本書籍出版協会作成のヒナ型をそのまま使用している　（20社　19.0%）
　b．日本書籍出版協会作成のヒナ型を基本に、修正を加えて使用している
　　　　　　　　　　　　　　　　　　　　　　　　　　　　（**67社　63.8%**）
　c．独自の出版契約書を作成している　　　　　　　　　　（23社　21.9%）
　　（イ．出版権設定（10件）、ロ．独占許諾(8)、ハ．著作権譲渡(3)、ニ．その他(1)）
　d．その他の団体が作成した契約書式を使用している　　　（4社　3.8%）
　　（イ．出版権設定（0件）、ロ．独占許諾(1)、ハ．著作権譲渡(1)、ニ．その他(1)）
　　（団体名　教科書協会、日本ユニ著作権センター、各弁護士連合会、税理士会連合会）
　e．その他　　　　　　　　　　　　　　　　　　　　　　（3社　2.9%）

付録5　出版契約に関する実態調査

【内訳】　○独自の電子出版許諾契約書
　　　　○買取原稿
　　　　○過去のものを流用している

(3) 日本書籍出版協会ヒナ型を使用、また修正して使用している場合、その書協ヒナ型の版（回答総数　85社）※複数回答
　　a．2010年版　紙＋電子書籍の出版権設定契約書　　　　（18社　21.2％）
　　b．2010年版　紙＋電子書籍の独占許諾契約書　　　　　（ 7社　 8.2％）
　　c．2010年版　電子出版契約書　　　　　　　　　　　　（ 7社　 8.2％）
　　d．2005年版　出版設定型契約書　　　　　　　　　　　**（51社　60.0％）**
　　e．2005年版　著作物利用許諾契約書　　　　　　　　　（ 6社　 7.1％）
　　f．児童書用出版契約書（児童書四者懇談会作成）　　　（ 5社　 5.9％）
　　g．その他（2000年版、1994年版、1989年版以前のもの、不明）
　　　　　　　　　　　　　　　　　　　　　　　　　　　（16社　18.8％）

(4)～(6)略

(7) 著者と契約書を取り交わす時期（回答総数　100社）※複数回答
　　a．原稿依頼時　（20社　20％）　　b．原稿の入手時　　（19社　19％）
　　c．校正時　　　（11社　11％）　　d．発行時　　　　　**（67社　67％）**
　　e．それ以降　　（ 9社　 9％）　　f．特に決まっていない（11社　11％）
　　g．問題が生じそうになった時（ 0社 0％）　h．その他　（ 4社　 4％）

(8)略

(9) 自動更新の期間で一番多いもの（回答総数　98社）
　　a．1年間　**（53社　54.1％）**　b．2年間　（15社15.3％）
　　c．3年間　（16社　16.3％）　　d．その他　（14社14.3％）

(10) 出版契約の終了通知（絶版通知）を著者に対して行っているか（回答総数99社）
　　a．原則として行っている　（15社　15.2％）
　　b．行うことが多い　　　　（ 5社　 5.1％）

調査結果（抄）（2011年6月　書協）

　　　c．あまり行わない　　　（**43社　43.4%**）
　　　d．行ったことがない　　（31社　31.3%）
　　　e．その他　　　　　　　（5社　5.1%）

Ⅲ　著作権使用料について
(1)　過去1年間に発行した書籍の著作権使用料の支払方法
　　（数値として回答92社、コメントのみの回答8社、無回答5社）
　　ⅰ　印税方式と買取原稿払い方式との点数割合（買取原稿払い方式には、印税の一括払い方式を含む。）

印税方式	買取原稿払い方式
約12,187点（**91.4%**）	約1,143点（8.6）

　　ⅱ　印税方式の場合、発行部数制と実売部数制の点数割合
　　（数値として回答88社、コメントのみの回答6社、無回答11社）

発行部数制	実売部数制
約8,550点（**71.0%**）	約3,497点（29.0）

(2)　実売部数制の場合、保証部数・保証金額などを導入しているか（回答総数67社）
　　　a．導入している　（**38社　56.7%**）　b．導入していない　（29社　43.3%）

(2)-ⅰ　導入している場合、その基準（導入していると回答したうち35社）
　　　a．初版第1刷部数の100%保証　　　　　（7社　20.0%）
　　　b．同上　50%保証　（8社　22.9%）※うち1社50%または50%以上の回答
　　　c．同上　20～25、30、40、60、65、80%（各1社　2.9%）
　　　d．その他　　　　　　　　　　　　　　（13社　37.1%）

Ⅳ～Ⅶ略

事項索引

【あ行】

アマゾン 8, 43, 44, 56, 82, 102, 104, 105, 110, 126, 128, 131, 158

ePub 35, 110, 151

委託販売制度 3, 7, 65, 167

印刷事業者 8, 38, 39, 40, 41, 42

印税 3, 12, 20, 23, 25, 26, 30, 33, 34, 45, 46, 47, 56, 57, 69, 70, 71, 81, 153, 173, 177

エージェントモデル 36, 44, 114, 126

XMDF 110

閲覧型 51, 121, 122, 127, 128, 129

奥付 49

オフセット印刷 7

オンデマンド出版 7, 8, 9, 23, 50, 51, 53, 57, 61, 62, 63, 168, 170

【か行】

海賊版 14, 73, 146, 147, 176, 178, 180, 181, 182, 183, 184

監修者 27

継続出版義務 7, 23, 34, 49, 64, 70, 147, 165, 167, 168, 172, 174

契約終了後の頒布 23, 65

原稿の買取り 12

権利制限規定 16, 27, 45, 66, 74, 79, 82

公衆送信権 4, 10, 18, 23, 24, 32, 33, 35, 43, 44, 45, 51, 53, 66, 93, 97, 102, 132, 133, 147, 148, 149, 150, 152, 154, 156, 157, 159, 161, 164, 165, 169, 171, 173, 174, 175, 176, 177, 183

公貸権 18

ゴーストライター 27

【さ行】

再ダウンロード 24, 43, 44, 65, 66, 111, 117, 118, 121, 122, 137, 138

再販売価格維持制度（再販） 2, 3, 23, 45, 102, 113, 114

雑協（日本雑誌協会） 6, 89, 90, 181

執筆契約　21

自動公衆送信　18, 19, 42, 104, 105, 148, 152

品切・重版未定　167, 168

修正増減応諾義務　23

出版義務　21, 22, 34, 48, 147, 165, 173

出版権規定　2, 5, 9, 13, 14, 20, 21, 24, 37, 48, 49, 51, 53, 60, 64, 65, 69, 70, 142, 143, 144, 147, 177, 180, 181

出版権設定契約　6, 7, 9, 11, 12, 13, 14, 20, 21, 22, 33, 34, 42, 48, 49, 50, 54, 57, 65, 70, 84, 149, 150, 157, 161, 165, 176, 181

出版権の消滅　23, 71, 165, 172, 173

出版権の登録　24, 177, 185

出版社著作権管理機構（JCOPY）　58

出版の自由　103, 115, 116, 133

出版物貸与権管理センター（RRAC）　18, 59, 185

譲渡権　4, 11, 16, 17, 19, 24, 32, 35, 65, 93, 102, 105, 108, 149, 150, 175

書影　82

書協（日本書籍出版協会）　6, 9, 20, 34, 48, 64, 65, 81, 98, 99, 119, 120, 162, 167, 183, 184

職務著作　27, 28, 29, 37

新書　156

絶版　33, 167

全集　15, 32, 54, 55, 154, 160

送信可能化権　18, 19, 93, 104, 117

【た行】

対抗要件　30, 149, 176, 177, 178

対第三者効　157, 180, 182

貸与権　11, 17, 18, 23, 32, 58

ダウンロード型　51, 121, 122, 127, 128, 129

単行本　15, 32, 33, 74, 107, 155, 156, 157, 162, 176

著作権譲渡　11, 12, 16, 37, 75, 156, 181

著作者献本　56

著作者人格権　27, 30, 52, 59, 93, 97, 169, 174

著作隣接権　37, 96, 97, 142, 144, 146, 180, 181

DRM　39, 53, 105, 106, 111,
　122, 123, 125, 131, 134
電子出版物ファイル　35, 41, 65,
　96, 102, 117, 119, 121, 122,
　123, 124, 125, 127, 131, 132,
　134, 137, 138, 159
同一性保持権　30, 52, 59, 77, 169
盗作　22, 67, 73
独占禁止法　113, 114
独占的利用許諾契約　11, 13, 14,
　16, 21, 22, 23, 48
ドットブック　110

【な行】

二次出版　15, 32, 33, 34, 53, 69,
　155, 162, 163
二次的著作物　32, 68, 69, 79, 98
二次的利用　49, 53, 68, 69, 98,
　99, 132
日本音楽事業者協会（音事協）　90
日本音楽著作権協会（JASRAC）
　74, 80, 81, 96
日本写真著作権協会（JPCA）　89
日本出版インフラセンター（JPO）
　6, 178, 185
日本複製権センター（JRRC）　59,
　144

日本ユニ著作権センター　99

【は行】

配信型電子出版　8, 10, 19, 32, 33,
　35, 42, 44, 45, 48, 49, 51, 52,
　53, 56, 63, 65, 82, 105, 147,
　152, 154, 158, 159, 160, 161,
　168, 170, 171, 173
配信義務　115, 126
廃絶請求　23, 71, 174
バックナンバー　89, 90, 95
パッケージ型電子出版　9, 10, 32,
　48, 50, 51, 52, 55, 62, 63, 147,
　151, 152, 154, 158, 159
パブリシティ権　67, 85, 86, 87,
　90
非独占的利用許諾契約　11, 14,
　15, 16
フォーマット　35, 109, 110, 111,
　123, 124, 125, 145, 151, 152
複製権　10, 13, 16, 17, 19, 21,
　23, 24, 33, 35, 51, 53, 58, 66,
　77, 93, 97, 105, 132, 143, 147,
　148, 149, 152, 153, 154, 156,
　157, 158, 161, 162, 163, 164,
　165, 169, 171, 172, 173, 175,
　176, 177

事項索引

文藝家協会（日本文藝家協会）
　89, 98, 143
文庫　15, 32, 33, 74, 107, 155,
　156, 157, 162, 176
編集著作物　26, 37
ホールセールモデル　36, 44, 126

【ま行】
みなし定価　3

【ら行】
リッチ・コンテンツ　87, 96
利用規約　43, 44, 66, 112, 120,
　138
リンク　96, 97

あとがき

　本書で取り上げた資料「書協2015年版ヒナ型」「デジタル雑誌配信権利処理ガイドライン」「配信契約サンプル」は、それぞれ書協知的財産権委員会権利WG、雑協デジタルコンテンツ推進委員会法務部会、書協デジタル問題特別委員会で検討・作成されたものである。筆者はいずれの会においても資料の取りまとめを行った。本書の解説では、それぞれの資料ができる過程の議論についても可能な限り触れるようにしているが、文責はすべて筆者個人にあり、書協や雑協の団体としての意見を述べたものではない。

　書協の権利WGは、「出版物に関する権利」対応を主な目的として組織されたものであり、当初は著作隣接権としての権利獲得をめざして議論を行ってきた。その成果は中川勉強会試案として公表されている（本書初版付章に収録）。初版刊行以降、出版権の拡張していく方向に議論が展開し、平成26年改正に至ったのであるが、書協権利WGは審議に向けた議論の整理および改正法の検討を行ってきた。本書第3章はその議論の成果であるが、同様に解説文の文責はすべて筆者個人にある。

　浅学非才な筆者が本書をまがりなりにもまとめることができたのは、多くの議論の場に恵まれたおかげである。特に書協権利WGではこの3年ほどの間だけでも百回近くの会合を重ね、出版各社の経験豊富な担当者と、広くかつ深い議論をすることができた。加えて、出版関係、著作権の法務に詳しい先輩弁護士諸氏との対話や著作、講演等から多くの有益なご示唆をいただいた。心より感謝の意を表したい。

　本書は、法改正により、初版刊行からわずか1年10カ月で改訂を行うことになった。今回もタイトな改訂スケジュールの中でサポートしていただいた民事法研究会近藤草子氏、および家庭内編集者として常に協力し叱咤激励してくれた妻にあらためて感謝したい。

2014年11月

【著者略歴】

村瀬拓男（むらせ　たくお）

昭和37年生まれ	
昭和60年	東京大学工学部卒業、同年株式会社新潮社入社 同社において、雑誌編集、映像・音声事業、電子書籍事業を担当
平成16年	司法試験合格
平成17年	同社退社、司法研修所入所（59期）
平成18年	弁護士登録
現在	弁護士（用賀法律事務所〈http://www.youga-law.jp/〉）
〔著書〕	『電子書籍の真実』（単著・毎日コミュニケーションズ・平成22年）

電子書籍・出版の契約実務と著作権〔第２版〕

平成27年１月９日　第１刷発行

定価　本体2,100円（税別）

著　　者　村瀬　拓男
発　　行　株式会社　民事法研究会
印　　刷　株式会社　太平印刷社

発 行 所　株式会社　民事法研究会
〒150-0013 東京都渋谷区恵比寿3-7-16
〔営業〕TEL03(5798)7257　FAX03(5798)7258
〔編集〕TEL03(5798)7277　FAX03(5798)7278
http://www.minjiho.com/　info@minjiho.com

落丁・乱丁はおとりかえします。　ISBN978-4-89628-987-9 C2032 ￥2100E
カバーデザイン　　関野美香